Le parnasse satyrique

ADVERTISSEMENT AV LECTEVR.

AMY LECTEVR, c'est vn aymable & doux entretié, que la Satyre quand elle part de la main d'vn bon maistre : plusieurs se sont employez à la recherche de sa perfectió mais peu y sont paruenus. Rõsard mesme est contraint d'aduoüer, qu'encore que son temps fut tres fertile en bons esprits, propres à toutes sortes d'arts & de science, que neantmoins aucun ne s'y pouuoit iustement venter d'exceller, en ce genre d'escrire, lequel à la verité demande vn esprit tellement delié, & si bien versé parmy les affaires du monde,

. **Parnasse des poètes satiriques** (Le) ou recueil des vers gaillards et satyriques de notre temps (recueil attribué à Théophile Viaud). Sans lieu, 1622. — La Quint-Essence Satyrique, seconde partie du Parnasse des poëtes satyriques de nostre temps, recherchez dans les œuvres secrettes des auteurs les plus signalez de nostre siècle. Paris, Anth. de Sommaville, 1622. — 2 tom. en 1 vol. in-8, v. viol., fil., tr. dor.

ÉDITION ORIGINALE EXTRÊMEMENT RARE du Parnasse satyrique. Brunet ne l'a point vue, car il indique une édition de 1623 comme étant la première. Il cite bien, mais d'après M. Bazin, la *Quintessence* « autre recueil du même genre que le Parnasse qui contient 270 pages toutes remplies, dit-il, de morceaux gaillards, » mais c'est par erreur qu'il dit que ce rarissime volume est sans date. — ~~L'exemplaire du Parnasse satyrique que nous cataloguons n'a pas son titre primitif ; il a été arraché et remplacé par un titre factice~~. Il est aisé de voir qu'il est bien de la même édition et de la même année que la *Quintessence* qui se trouve reliée à la suite. Au surplus, la Préface qui n'a pas été reproduite dans les éditions suivantes, annonce positivement que c'est *un œuvre nouveau* et l'éditeur s'excuse des fautes qu'il promet qu'on ne rencontrera plus *en la seconde impression*. — Une circonstance explique l'excessive rareté de ce volume. Il a été saisi, sévèrement poursuivi et finalement brûlé en place de Grève, car c'est bien à cette édition que s'applique l'arrêt du 19 août 1623 imprimé par Vitray sous ce titre : « Arrest de la Cour de Parlement par lequel le sieur Théophile, Berthelot et autres sont déclarés criminels de lèse-majesté pour avoir composé et fait imprimer contre l'honneur de Dieu, son église et honnesteté publique, avec deffenses à toutes personnes d'avoir, ny tenir aucuns exemplaires du livre intitulé le *Parnasse satyrique*, ni autres œuvres dudit Théophile sur peine d'estre declarez fauteurs et adhérans dudit crime et punis comme les accusez. » — Il est très probable que c'est pour éviter d'être poursuivi qu'un ancien détenteur de cet exemplaire a supprimé le titre d'un livre aussi compromettant à l'époque de son apparition.

LE PARNASSE DES POETES SATYRIQVES;

M. DC. XXII.

que les moindres circonſtances, & particularitez d'iceluy, ne doiuent ſans encourir le blaſme d'vne iuſte cenſure decliner la iuriſdiction de ſa cognoiſſance. Or entre ceux qui ont atteint de noſtre temps, vn but de ceſte perfection, les ſieurs Sigognes, Regnier, Motin, Berthelot, (& autres que pour eſtre encor viuans ie deſire paſſer ſoubs ſilence) ſemblent auoir oſté à nos nepueux l'eſperance de mieux faire en ceſte ſorte d'eſcrire: C'eſt pourquoy, amy Lecteur, ie ne me puis non plus laſſer de rechercher curieuſement les pieces qui ſont ſorties, & qui ſortent iournellement de tous ces beaux eſprits pour te les communiquer, que ie ſçay aſſeurément que tu ne te peux laſſer de les lire, & en les liſant, admirer les pointes & les traits incomparables qui s'y rencontrent, trois impreſsions qui ſe ſont faites en moins de deux annees, du Cabinet Satyrique tesmoignent assez auec quel applaudissement, tu l'as réceu, d'entrer à present sur le merite de ces parfaits ouurages, qui le suiuent immediatement ce seroit vainement abuser de ta patience. Il suffit que l'on voye au frontispice d'iceux, les noms de leurs autheurs pour les rendre recommandables à ceux mesmes qui ont a mespris les douces faueurs des Muses. Mais pour ne point retarder plus long-temps le plaisir extresme que tu dois receuoir, en la lecture de ces rares poësies, & pour ne t'estre point ennuyeux, ie te veux seulement prier de ne prendre point garde aux fautes d'impression, que tu y trouueras estant tres difficile d'empescher le cours de ces petits deffauts en vn œuure nouueau comme est cestuy-cy. Ie croy que ces petites ronces ne t'empescheront point de recueillir les belles fleurs qui s'y rencontrent pour ton contentement, auec asseurance, neantmoins de te satisfaire d'auantage en la seconde impression, te la presentant plus correcte, plus ample, & en meilleur ordre. Iouys cependant de ce que ie t'offre, & m'en aye en ton particulier de l'obligation, comme à celuy qui a voué toute son industrie au seruice du public. Adieu.

EPIGRAMME.

Vous autres que la Muse picque
Dans ce Cabinet Satyrique,
Ouurage des plus beaux esprits:
Cessez vos plaintes ordinaires,
Il vaut mieux d'eux estre repris,
Que loüé des esprits vulgaires.

G. Colletet.

Aux Lecteurs

SONNET.

LECTEVRS qui ça & là cherchez voſtre
aduenture,
Qui n'auez en honneur que les ieux de Cipris:
Pour vous ie donne l'air à ces folaſtres eſcris,
Et i'entens que vous ſeuls en ayez la lecture.

Vous y voirez comment tout y ...ut par nature,
Que tout ce qui comprend en ce monde compris
Eſt tout baſti de ſperme & à..tre eſt apris,
Par l'in[illegible]stine ſeulement de ſa progeniture.

S'il aduient par malheur que les feux ſoient eſtains
De vos paillards deſirs, & qu'entre les putains
Vous veniez à manquer de puiſſance & de force:

Liſez en vn feuillet de tous les deux coſtez,
Vous ...terez ſoudain, fuſsiez vous eſ...tez,
Car ces folaſtres eſcris vous en ſeruent d'amorce.

EPIGRAMME.

LA femme (dit vn bon Prophete
Qui ne portoit haine aux amours)
Eſt bien vne choſe imparfaite,
Puis qu'on y beſoigne touſiours.

AVX DAMES.

POurquoy vous dites vous ſi fortes,
Voſtre threſor tremble auec vous:
Nous pouuons bien ouurir nos portes,
Si touſiours les clefs ſont chez nous.

D'vne Ieune mariee & de ſon Mary, la premiere nuict de ces nopces.

DIALOGVE.

Fem. *LAs pourquoy fais-tu tant d'effors,*
Mar. *Ie frappe à ta porte Iſabelle:*
Car il eſt nuict, voire ma belle,
Et ie ſuis encore dehors.

SIXAIN.

Tout y cheuauche, tout y..ut,
L'on ..ut en ce liure partout:
Afin que les Lecteurs n'en doutent,
Les Odes ..tent les Sonnets,
Les lignes ..tent les feuillets,
Les lettres mesmes s'entre..utent.

G. C. P.

EPIGRAMMES DIVERSES.

Vn homme entre les plus vilains
M'interroge sur des poulains,
Et voicy les discours qui sortent
Du subiect que nous agitons:
C'est qu'ils sont bons quand ils nous portent,
Et mauuais quand nous les portons:

Paroles d'vne fille la premiere nuict de ses Nopces.

Ie sens que i'endure la mort,
Et mon mal peut-il estre pire,
Puis que ie n'ay moyen de dire
Que mon meurtrier me face tort?

EPIGRAMME,

PHilis dit l'autre iour à vne bonne bande,
Ie n'ay point vn mary dificile au repas
Il mange comme moy toute ſorte de viande:
Mais comme il l'entendit il arreſta ſes pas,
Et dit en ſouriant, ceſte belle friande
Se ſert bien d'vne chair dont ie ne gouſte pas.

EPIGRAMME.

IE vois l'amoureuſe Iſabelle
Qui du cœur & des yeux m'appelle,
Diſant, eſteint mes feux ardans:
Mets icy ton gros doigt & bouche
Bien hardiment ma baſſe bouche,
Car elle n'eut iamais de dents.

EPIGRAMME,

TA femme a donc faict vn enfant
Par le moyen que Dieu defend,
Toutefois ta bouche le nomme
Ton Mignon, ton futur appuy:
Mais n'es-tu pas vn meſchant homme
De poſſeder le bien d'autruy.

EPIGRAMME.

BElle plus rare que Pandore
Tu desires que l'on t'adore
Ce que ie fay quand ie te ..us,
Car ie suis tousiours à genoux.

Vne ieune femme parle à son Mary vieillard, & autant meschant.

VIeillard à mes yeux inhumain,
Faisant que tousiours ie repose,
Tu leues contre moy la main
Ne pouuant leuer autre chose:
Mais ie te prie auoir sur tout
La main basse autant que le bout.

EPIGRAMME.

VN hoste estant chez Isabelle
Et la perçant de plusieurs coups,
Vous me tuez luy dit la belle:
Mais Dieu que ce mourir est doux.
Et certes la vie est bien dure
Au pris de la mort que i'endure,
Seulement ie me plains du sort

De n'auoir eu plustost enuie
De donner la fin à ma vie
Par l'extase de ceste mort.

EPIGRAMME.

V*N Allemand commençant sa harangue,*
N'entendant que fort mal nostre langue
Nous fit tant rire ayant dit, ie ...utrois,
Que i'en ay veu trespasser trois pucelles:
Si ce qu'il dit, ie faisois à ces belles,
Ie les ferois reuiure toutes trois.

EPIGRAMME.

I*Sabelle est molle au milieu*
Où se loge le petit Dieu,
Cependant la bonne Isabelle
A dure les tetins, & les bras:
C'est pource que le haut, dit-elle,
N'est point battu comme le bas.

LE PARNASSE DES POETES SATYRIQVES.

OV

Dernier Recueil des vers picquans & gaillards de nostre temps.

SONNET.

Par le sieur Theophille.

PHylis tout est ...outu ie meurs de la verolle,
Elle exerce sur moy sa derniere rigueur:
Mõ V. baisse la teste & n'a point de vigueur
Vn vlcere puant a gasté ma parole.

I'ay sué trante iours, i'ay vomy de la colle
Iamais de si grands maux n'eurent tant de longueur

a

L'esprit le plus constant fut mort à ma langueur,
Et mon affliction n'a rien qui la consolle.

Mes amis plus secretz ne m'osent approcher,
Moy-mesme en cét estat ie ne m'ose toucher,
Philis le mal me vient de vous auoir ...tue.

Mon Dieu ie me repans d'auoir si mal vescu :
Et si vostre couroux à ce coup ne me tuë,
Ie fais veu desormais de ne ...tre qu'en cu.

EPIGRAMME.

VOUS qui censurez la Satyre,
Bien que pour vous la faire lire
On autant de difficulté,
Ne donnez vous pas vn indice
En fuyant le blasme du vice,
Que vous aymez l'impieté.

N. FRENIDE.

EPIGRAMME.
par le mesme.

NOS vers sont plains d'instruction,
Blasmans la salle affection,
Mais ne les lisez pas mes Dames,
Pour attiser dedans vos cœurs
Ces trop illegitimes flames,
Argumens de nos vers mocqueurs:
Autrement vos intemperances
Vous faisant iustement mocquer,
Viendroient contre vous prouoquer
Nos plus gaillardes medisances.

Les Amoureux ressuscitez, aux Dames.

Puis-que vostre Ame fut d'espouuante suiuie,
Belles de qui les yeux nous tiennent asseruis,
A present que l'Amour nous redonne la vie,
Approchez pres de nous, affin que l'on publie
Si vous fuyez les morts que vous cherchez les vis.

Chanſon en Dialogue.

Dem. QVelle fieure auez vous Paſquette
Qui vous rend le teint ſi deffait.
Reſp. C'eſt le deſir d'vne brayette,
Dont ie ne puis auoir l'effet.
Dem. Certes vous eſtes maigre & iaune
Ie ne ſçay pas que demandez.
Reſp. Vn gros V. long comme un quart d'aune.
Preſtez-le moy ſi vous l'auez.
Dem. Mais quoy vous n'eſtes point honteuſe,
De dire ainſi voſtre apetit.
Reſp. Homme goulu, femme f...teuſe.
Ne deſire rien de petit.
Dem. Si vous voyez quelque V. mince,
Voudriez vous pas bien l'aprocher.
Reſp. Quand ce ſeroit celuy d'vn Prince,
Ie ne voudrois pas le toucher.
Dem. De quelque valet l'accointance,
Seroit-ce bien voſtre deſir.
Reſp. Oüy s'il le fait, d'obeyſſance,
Et le refait pour le plaiſir.
Dem. Vous auez la feſſe ſoudaine
Alors qu'on vous preſſe le flanc

Resp. Le Cul sans cesse me demaine
Comme l'esguille d'vn Cadrane.
Dem. Qui vous voit la mine si froide,
Ne vous croit point le cul si chaut,
Resp. C'est au C. qu'il faut vn V. roide,
Ce n'est point au fron qu'il le faut.

EPIGRAMME.

IE ne vis onc femme si froide,
Et ie croy qu'on n'en sçauroit voir,
Vous luy monstrez vostre V. roide
Et la ..utez sans l'esmouuoir.

SVR VNE IOVYSSANCE.

STANCES,

Par le sieur Colletet.

EN fin i'ay surmonté l'excessiue rigueur
De celle qui tenoit mon Esprit en langueur,
Graces à mon destin ie l'ay long-temps tenuë
Dans son lict toute nuë.

L'Aurore n'euſt pluſtoſt amené le beau iour
Que, voulant appaiſer le feu de mon amour
Et donner quelque treue à ma peine cruelle,
I'allay voir ceſte belle.

Si toſt qu'elle me vid ſon aimable paleur,
Signe d'vn feu ſecret, prit vne autre couleur,
Les beaux lys de ſon teint ſe changerent en roſes
Nouuellement écloſes.

Ses beaux yeux languiſſant me firent croire auſsi
Que rien ne l'agitoit qu'vn amoureux ſoucy,
Et que dedans ſa couche vne cruelle flame
Bruſloit alors ſon ame.

Ie m'approche aupres d'elle & luy dis à l'inſtant,
Beauté pour qui touſiours ie veux eſtre conſtant
Ceſſez de m'affliger, n'eſtes vous point laſſee
De ma peine paſſee?

Depuis que le Soleil eſclaire dans les Cieux,
Il n'a peu voir encor dans l'enclos de ces lieux
Vn amant qui iamais ait eu tant de martyre
Sous l'amoureux empire.

Alors en me loüant de ma ferme amitié,
Et voyant mes ennuis en eut tant de pitié,

Que malgré la pudeur qui luy couuroit la face,
Honteuse elle m'embrasse.

Dafnis mon cher Dafnis, ce me dit elle alors,
Seul soulas de mon cœur, ie cede à tes effors:
D'vn mesme mal que toy, ie te parle sans feinte,
Ma pauure ame est atteinte.

Ne croy que desormais ie resiste à ce Dieu,
Doux Tyran de nos cœurs, qui commande en tout lieu.
Puis qu'il le veut ainsi, reçoy la recompence
De ta perseuerance.

Ie n'aime rien que toy, Dafnis n'en doute plus,
Tous les autres discours te seroient superflus:
Pour te dire en vn mot reçoy la recompence
De ta perseuerance.

Conserue seulement mon honneur & ta foy,
Si ton Esprit est mien, mon cœur est tout à toy.
Pour te le tesmoigner, reçoy la recompence
De ta perseuerance.

Lors touché d'vn desir qui n'a point de pareil,
Ie saute dans le lict de ce diuin Soleil,
Où sans plus differer i'obtins la recompence
De ma perseuerance.

Contre vn ialoux.

STANCE.

DOncques cet importun ialoux
Brassera tousiours contre nous
Des miserables auentures,
Et ne se contentera pas
Qu'il ne voye dans nos blessures
La source de nostre trespas.

Tircis, celuy de mes amis
Qui plus volontiers m'a permis
De l'employer enuers Madame,
Accordoit son Luth à sa vois,
Pour attirer le cœur & l'ame
De la Charite que i'aimois.

Les ombres nous enuironnoient,
Et les estoiles ne donnoient
Trop de clarté pour nous cognoistre,
Quand ce fantastique resueur,
Nous a fait voir par la fenestre,
Vn mousquet pour toute faueur.

Toutefois sçachans que Venus

Et Mars souuent sont deuenus
Espoinçonnez de mesme enuie,
Nous creusmes que cest instrument
N'estant pour nous oster la vie,
Seruoit de signal seulement.

Ainsi ne laissans de chanter,
Soudain nous vismes éclater
Et vomir contre nous la flame
Autre que celle de l'Amour,
Qui donne son atteinte a l'ame,
Et nous fait plaindre nuit & iour.

Mais il plust au fils de Cypris
Que ce ne fut pas là le pris,
De ma peine & de mon seruage,
La balle passa sans toucher,
Autre chose pour son passage,
Que la poterne d'vn bucher.

Alors le farouche ialoux,
Outragea ma belle de coups,
Et la noircit de meurtrissure,
Ie me retiray tristement,
Moins faché de mon auenture,
Que de ce mauuais traittement.

FRENIDE.

CHANSON.

PVis qu'il fault ma chere Lydie
Pour garder ma fidelité,
Que la verité ie vous die,
Vous aymez trop la vanité.
Vous auez dessus vostre face
Des traitz & des attraitz assez,
Et de l'amour & de la grace,
Mais non pas tant que vous pensés.
Vous pensez estre belle & sage
Prenant vos Amants pour tesmoins,
Vous le seriez bien d'auantage
Si vous le pensiez estre moins.
Triés l'vn d'eux le plus fidelle
Auec autant de iugement
Comme vous pensez estre belle,
Vous le reudrez pour vostre Amant.
La beauté n'est point adoree
Où l'orgueil s'est venu loger,
Aussi dict-on que Cytheree
Fut amoureuse d'vn Berger.
Et la grace plus reluisante
Qui peut à vos yeux reuenir
D'vne qui faict la suffisante
Me suffit pour me retenir.

V ne franchise sans malice
n ris qui n'est point affeté,
ne beauté sans artifice
le rend sans infidelité.

SONNET
Sur la maladie de Pacquette Gausserie.

A MONSIEVR DE VARY Conseiller à Bourges.

DEpuis que i'ay tourné Iacquette
Embrassant vn party nouueau,
Deuary la ieune Pacquette
N'a rien de sain dans le cerueau.

Le vin dont elle est fort amie
Luy desplait, ou la faict vomir:
Sa face s'est toute blesmie,
La pauurette ne peut dormir.

Ces appas en fort petit nombre
Sont sur le poinct de la quitter:
Sa voix se perd, son œil est sombre,
Elle commance à radotter.

I'ay pitié de ceste auanture,
Qui la fera bien-tost mourir,
Et s'il se pouuoit, en peinture,
Ie voudrois bien la secourir.

Las i'entens frapper à ma porte,
Tresue à ses discours mal tissus,
Peut estre que Pacquette est morte,
S'il est ainsi, terre dessus.

STANCE

Contre Pacquette.

POur obtenir le priuelege,
De gouuerner mes volontez,
Pacquette uzés d'un sortilege,
Qui soit plus fort que vos beautez.

Le fard, la ceruse & le plastre,
Forment vos plus mignons attraits,
Et pensez me rendre idolatre,
De la peinture & des pourtraits.

Non, non, vous me rompés la teste,
Et vous mesprenez grandement,

ſtre ſeruice eſt vne feſte,
ui n'eſt pas de commandement.

Quand vous iurez d'eſtre fidelle,
nommés mes deux yeux vos roys,
us allumés vne chandelle,
euant vne Idole de bois.

Mon oreille eſt fort defermee,
ux beaux diſcours que vous tenez,
ais quand vous parlés d'eſtre aymee,
ußi toſt ie ſeigne du nez.

La ſurdité qui m'importune,
redouble & le cœur me fault,
erchez ailleurs voſtre fortune,
tremble quand vous auez chaud.

Vos ſous-ris qui n'ont point de ceſſe,
e mon cœur ne ſont pas le but,
rois de ce pas à confeſſe,
ie penſois vous auoir plu.

En vn mot battés bien la carte
ffin d'auoir vn ieu plus beau,
pour vous de moy ie m'eſcarte,
uray l'appetit d'vn corbeau.

STANCES.

C'Est en vain que pour deceuoir
Mon cœur à l'amour insensible,
Vous contraygnés vostre deuoir
Et voulez tenter l'impossible:
Car le mespris & la raison
M'ont sorty de vostre prison.

En vain d'vn regard affeté
Et d'vn souf-ris plein de malices,
Vous voulés que ma liberté
Serue encore à vos artifices:
Maintenant vostre œil plein d'apas
Tout ce quil veut ne le peut pas

Que sert de m'asseurer souuent
Que pour moy vostre ame est bruslee,
Vos discours ne sont que du vent,
Ma paupiere n'est plus voilée:
Bref ie viens vous dire en ce lieu
Pour iamais vn dernier adieu.

Adieu donc courage diuers
Qu'à tout coups l'inconstance emporte.
En tenant vos yeux plus couuerts
Gouuernez vous d'vne autre sorte.

Desia l'on faict courir vn bruict
Qui me desplaist & qui vous nuist.

On dict qu'à tous obiects presents
Vostre ame se laisse surprendre:
Mais que vos Jeux les plus nuisants
Se chargent aussi-tost en cendre,
Et que vostre fragilité
Surpasse ma fidelité.

On adiouste qu'à tout propos
Affin d'estre mieux caressee,
Vostre esprit priué de repos
En priue aussi vostre pensée,
Et que tout vostre souuenir
Ne s'attache qu'à l'aduenir.

Ie supprime pour vostre bien
Les autres discours du vulgaire,
Et quoy que ie n'attende rien
De cet office salutaire:
I'ayme bien mieux vous obliger,
Que vous nuire & vous affliger.

Mais n'ouurés plus facilement
Les secrets desseins de vostre ame,
Car l'imprudence est l'aliment
Du dueil, de la honte, & du blasme.

Et tost ou tard vous faict sentir
Ce que c'est que le repentir.

Sur tout ne pensez pas à vous,
Tout ce qui se dict estre vostre,
Tel maintenant faict les yeux doux,
Que le doux temps est à vn autre,
Et qui ne voudroit pour mourir,
En vn besoin vous secourir.

Pour moy si pour vous retirer
Du creux d'vne tombe relente.
Il ne falloit que souspirer,
Mon ardeur est si violente,
Que vous seriez sans mouuement,
Desormais dans le monument.

QV'IL FAVT BAISER

ODE,

A Isabelle.

I.

MA foy c'est estre trop mauuaise.
Chere Isabelle mon soucy,
De dire alors que ie te baise,
Qu'vn amant doibt faire ainsi,

Que ie commetz vne imprudence
Qui me pourra causer la mort:
Car si ie te fais quelque tort,
I'en veux bien faire penitence.

2.

Fay moy mourir à la mesme heure,
Qu'vn baiser ie t'auray rauy:
Que m'est-il que pour toy ie meure,
Si pour toy seulement ie vy?
Au moins sur tes leures descloses
Malgré ton bel œil courroucé,
Deuant ma mort i'auray succé
Le miel de ta bouche de roses.

3.

Tout le monde dis-tu, soupçonne
Beaucoup de tant de priuautez:
Ma foy ie ne pense à personne
Aupres de tes chastes beautez,
Mon esprit passant de la veuë
Dessus ma leure en te baisant,
Ie ne voy pas le mesdisant
Qui ne blesse qu'à l'impourueuë.

4.

Ie meurs quand tu dis que ta vie
T'est moins chere que ton honneur,
Traistre honneur, l'obiect de l'enuie,
Qui prend naissance du bon-heur.

Demon maudit, fausse imposture,
Idole du peuple ignorant:
Fault-il qu'on t'aille preferant
Aux loix que donne la Nature.

5.

Durant ceste saison doree
Qui fit nos peres si contents,
Quand bouche sur bouche serree
Deux Amants s'alloient esbatants:
L'enuie au dangereux visage
Ne les troubloit par son credit,
Ces motz d'honneur & de l'or dict
N'estoient point encore en vsage.

6.

Tout estoit pris pour Innocence
Le baiser & l'attouchement,
On ne blasmoit point la licence
Que peut prendre vn fidel Amant:
Le dueil, les souspirs & les larmes
N'auoient point encore de cours,
Au lieu qu'on les void tous les iours
Estre des sorciers & des charmes.

7.

O temps heureux & plein de gloire,
Qui t'a de ce monde chassé,
C'est la malice à l'ame noire
Au teint de mort, pasle & glacé:

Qui par des raiſons deteſtables
Faict croire en ce ſiecle abbatu,
Que l'innocence & la vertu
Sont des tyrans inſupportables.

8.

Le bruict du peuple qui ſe plonge
Au milieu de l'oyſiueté,
Vn erreur, vn abus, vn ſonge
Engagent ſur leur cruauté
Et le deſir & l'eſprit bleſme
De l'homme ſon mal pourſuiuant,
Comme s'il eſtoit plus viuant
Pour vn autre, que pour ſoy-meſme.

9.

Le moindre geſte ſert d'ombrage,
Le ris eſt vn enragement:
Le baiſer faict faire naufrage
Au plus ſain de ſon iugement:
Meſme on explique la penſee
Qui ne ſe peut voir ny toucher,
On la contraint de ſe cacher
De peur d'eſtre dicte inſenſee.

10.

Eſtrange & forte tyrannie
Helas ſera-ce pour touſiours,
Ne verrons nous iamais bannie
La ſaiſon de fer & ſes iours:

Où la mesdisance establie
A plus de temples & d'autels,
Que iamais les Dieux immortels
N'en eurent dedans l'Italie.

II.

Ceste peste auec ses blasphesmes
Se guinde iusques dans les cieux,
Et pour offencer les Dieux mesmes,
Elle ouure la bouche & les yeux :
Venus est vne garce infame,
Mercure vn parfaict macquereau :
Iuppiter se change en thoreau
Pour mieux deceuoir vne femme.

12.

Ainsi chacun ressent l'atteinte
De ce Demon iniurieux,
Mais lors qu'on en a point de crainte
A soy-mesme il est furieux :
Il se ronge, il se faict la guerre
Quand on le mesprise soudain,
Il craint cent fois plus le desdain
Qu'on ne faict vn coup de tonnerre.

13.

Mesprise le donc Isabelle,
Et de cent baisers redoublez,
Sans iamais plus t'estre rebelle
Appaise mes esprits troublez.

Verse sur ma leure alteree
Vn nectar tout plein de douceur,
Iadis on vid bien vn chasseur
Estre baisé de Cytheree.

14.

Ceste Deesse qui se vante
D'estre la mesme chasteté,
Tousiours inegalle & mouuante
Amoureuse de la beauté
D'vn pauure berger de Latmie,
A bien souuent quitté les cieux
Pour baiser son front & ses yeux,
Et sa belle bouche endormie.

15.

En quel lieu du monde habitable
Le baiser est-il defendu,
Quel barbare mal accostable
Baiser pour baiser n'a rendu:
L'Hermite le plus solitaire
Baise & rebaise bien la croix,
Est-il possible que tu sois
Et plus deuote & plus austere.

16.

Non, non, ie li dans ta pensee,
Tu fuis pour me faire courir,
Et contrefaisant l'offencee
Quand d'aise ie te fais mourir:

Ton œil en ſa colere feinte
Annonce mon treſpas prochain:
Mais tout cet artifice eſt vain,
Quand on ayme on n'a point de crainte.

17.

Fais la douce ou bien la faſchee,
Reçois ou reiettes mes vœux:
Ie ſçay que ton ame eſt touchee
Des traictz d'amour & de ſes feux:
Et quoy que ta bouche me die
Ie deſcouure la verité,
Tu te plais trop d'eſtre en ſanté
Pour embraſſer la maladie.

18.

Mais dequoy ſeruent les paroles,
Faiſons enſemble noſtre accord:
Meſpriſe les diſcours friuoles
Du peuple qui veut noſtre mort:
C'eſt vne beſte mal appriſe
Sans iugement & ſans raiſon,
Te voudrois-tu mettre en priſon
S'il ſe faſchoit de ta franchiſe.

19.

Quand à moy par les yeux ie iure
Que tu n'auras point de repos,
Quoy qu'il ſoupçonne ou qu'il murmure
Qu'en me baiſant à tout propos,

Qu'il ſoit le teſmoin de noſtre aiſe
Qu'en eſt-il, on ſe doit cacher
Seulement quand on veut pecher,
Et non pas lors que l'on ſe baiſe.

Pour vn Courtiſan STANCES.

TOuſiours le dur ſoucy d'auoir des Damoiſelles,
Viendra-il m'empeſcher de repoſer les nuicts?
Touſiours le vain eſpoir de poſſeder ces belles,
Fera-il en mon cœur vn cabinet d'ennuis?

Paſſera-il touſiours le plus beau de ma vie
En ſouhaits, en deſirs, ſans rien acquerir?
Ma demande touſiours ſera-elle ſuiuie
D'vn dédaigneux refus pour me faire mourir?

Si iamais le deſtin ne m'eſt plus fauorable,
Doncques me faudra-il recourir aux putains,
Pour en treuuer quelqu'vne à mon feu ſecourable,
Qui remette la paix parmy mes ſens mutins?

Mais las! eſtant iſſu d'vne tres-bonne race,
Pourray-ie m'amuſer en de ſi ſalles lieux?
Pourray-ie conſentir qu'vn des-honneur efface,
Ce qui de tous coſtez rend mon nom glorieux?

Ainsi dans les assaus d'vne guerre ciuile.
Vn ieune Courtisan se plaignoit du destin:
Mais ce pauure Mignon se trouuoit mal habile,
Pour gaigner vne dame, & baiser la putain.

Car pour la Dameyselle il estoit sans merite,
N'ayant d'autres vertus que de sçauoir iurer:
Et pour l'autre il auoit la bource si petite,
Qu'il fallut se resoudre à tousiours endurer.

N. FREÑIDE.

EPIGRAMME.

CEste camuse qui s'enfuit
Quand ie luy presente la bouche,
Si ie luy presentois le V.
Elle ne seroit point farouche.

QVATRAINS,

Contre des Courtisannes.

AInsi que la chaleur est l'image du feu,
De vos bons tours ces Vers le sont aussi mes Da-(mes:
Ce sont les vrays mirouers du secret de vos ames,
Bien qu'ilz ne facent voir tout cela qu'ilz ont veu.

De Madame de P. à M. de V.

VOus le voulez, ie le veux bien,
Or maudit soit-il qui l'empesche:
Madame n'attendez plus rien,
Laissez donner à vostre bresche.

Responce de Madame.

I'attens le temps & ne prens rien,
Certes aussi c'est trop attendre:
Mais en la fin il en faut prendre,
P.... ton conseil me plaist bien.

Madame de G. à sa fille.

ALlons ma fille voicy l'heure,
Il en aura pour toutes deux:
Qu'il n'aye peur qu'il en demeure,
Vous en voulez, & moy i'en veux.

Responce.

Laissez moy faire mes prieres
Pendant que le temps le permet,
I'en suis desia à Redimet,
Ie ne demeureray plus gueres.

Autre à vne Dame.

BEaux yeux où le flambeau de l'amour se ralume,
Qui passez en clarté les celestes flambeaux:
Viue le Mareschal qui dessus vostre enclume
Voudroit auoir donné quatre coups de marteaux.

Madame de K. à Madame de F.

MA foy i'ayme fort vostre humeur,
Honni soit il qui mal y pense:
Il faut auoir vn seruiteur,
C'est vne des loix de la France.

Responce.

Vous outrepassez donc la loy,
Rendant vostre amour trop commune:
Que ne vous contentez vous d'vne
Sans rire à tout ce qui vous voy.

A vne Dame.

AV temple de Venus ma petite contesse
Vous auês tousiours faict vostre deuotion
Depuis quinze ans ença vous estes sa prestresse,
Et maintenés l'estat de sa religion.

De Madamoyselle de * * *

DV cabinet des Dieux la porte plus iolie
Ne se peut esgaler à cette porte icy,
Auant qu'entrer en vne il faut perdre la vie,
Et sans vie on ne peut entrer en celle-cy.

EPIGRAMME.

S'Il estoit vray ce que l'on dit,
I'aurois ia fait l'aprantissage,
Mais i'ay encor mon pucelage:
Au moins quelques vns me l'on dit.

Vne Dame à ses filles.

LA chair se nourrist de la chair,
Il faut auoir soin de la vie:
N'atendez pas que l'on vous prie,
L'apetit conuie à manger.

Responce des filles.

Madame si nous osions
Comme l'apetit nous conuie,
De tres-bon cœur nous gousterions
Du doux fruict de l'arbre de vie.

EPIGRAMME.

NE croyés pas ce qu'on vous dit
Soubs ce ſot mot ſoyés bien ſage,
La nature n'a rien produit
Qu'on ne puiſſe mettre en vſage.

Reſponce.

Il eſt facile de le dire
Maintenant qu'auez le pouuoir,
Si l'on auoit ce qu'on deſire
L'on contenteroit ſon vouloir.

Vne Dame à vn autre.

VRayement ie vous trouue fort belle
Mais non pas tant que vous penſés
Pour cela ne vous offencez
Vous n'eſtes ſeule en la querelle;

Reſponce.

Mon mary dit que vous & moy
Auons la chair toute ſemblable,
Ie le tiens pour fort veritable:
Car il ne dit que ce qu'il voy.

QVATRAINS.

Deliure moy Seigneur

Des filles de Paris qui ne disent sinon
Ie ne vous entent point, cela vous plaist à dire
Qui ne respondent rien que ouy, & voire, & non,
Et au partir de la, se meslent de mesdire,

Deliure moy Seigneur

De celle qui vous iure estant entre vos bras
Que vous estes tout seul quelle ayme & fauorise
Et si vous la laissés seulement de trois pas
Vous trouués aussi tost que vostre place est prise.

Deliure moy Seigneur

De celle la qui dit qu'elle n'eschauffe pas
Si elle est seulle au lict qu'elle y meurt quelle y glace
Qui veut auoir quelqu'vn pour eschauffer sa place
Qui ne craint nullement que l'on vze ses draps.

Deliure moy Seigneur

De celle la qu'on dit commanter Laretin
Qui faict fort bien en vers qui escrit bien en prose.
Qui trouue fort mauuais qu'on touche son tetin
Et ne se fasche point que l'on touche autre chose.

Deliure moy Seigneur

De cest aspect leger plain de sable mouuant
Qui vous ayme auiourd'huy auecque tant de rage

Et qui tout promptement remet la voyle au vent,
Et de ce mesme iour fait vn nouueau n'aufrage.

Deliure moy Seigneur

De celle la qui veut quelques tapisseries
Auant que de vouloir vous donner ce qu'elle a,
Et quant elle en a eu il faut des pierreries,
Et puis vne maison auant qu'en venir là.

Deliure moy Seigneur

De celle qui s'en va baloyant les Eglises,
La chandelle à la main & vn grand chapelet:
Et si vous l'espiez vous la verrez aux prises
Dedans vn cabinet auec quelque valet.

Deliure moy Seigneur

De celle la qui feint s'enfermer tout le iour,
N'ayant autre plaisir que d'estre solitaire:
Qui trouue fort mauuais que l'on parle d'amour,
Qui n'en veut rien ouir, mais qui le veut bien faire.

Deliure moy Seigneur

De la femme qui est plus noyre qu'vne mousche
Dont le bout des cheueux commance à grisonner,
Et qui n'a tout au plus que trois dens en la bouche,
Et veut faire l'amour sans vouloir rien donner.

Deliure moy Seigneur

De celle qui nous paye en petits bracelets,
Et au partir de là veut qu'on luy soit fidelle
Elle se trompe fort, il faut d'autre filets
Pour garder ses amans puis qu'elle n'est pas belle.

Deliure moy Seigneur

De celle là qui dit qu'elle est fort bien pucelle,
Qu'elle n'en quite rien à fille de Paris:
Et a toutes les nuits mon amy aupres d'elle,
Non pas pour faire mal, mais de peur des esprits.

Deliure moy Seigneur

De la vefue qui fait tant & tant la iolie,
Qui s'escoute parler & se fonde en raison:
Qui ne va nulle part que chés sa bonne amye,
Mais cette amye là luy preste sa maison.

Deliure moy Seigneur

De la vieille qui a plus de quatre vingts ans,
Qui ne peut plus marcher, qui n'a que la carcace,
Qui n'a pas vn cheueux, qui a perdu les dents,
Qui ne faict que vessir pendant que l'on l'embrasse.

Deliure moy Seigneur

De la femme qui put de la bouche & du nés,
Que vous sentez de loin sans ouir sa parolle:
Qui a le coin des yeux de crote tous couuers,
Mais de celle sur tous qui a la fesse molle.

Deliure moy Seigneur

De celle la qui rit qu'ant on dit quelle est belle,
Qui fretille tousiours, qui ne sçait rien du tout,
Que faire la poupée & tenir le haut bout,
Luy estant bien aduis que l'on dit que c'est elle.

Deliure moy Seigneur

De la belle Nonnain qui en est bien contente,

Mais il y a vn mais il faut vn Prieuré
Ou bien une Abaye ou du moins vne rente
Autrement mon amy vous estes demeuré.

Deliure moy Seigneur

De celle qui s'enferme auec son Secretaire
Pour faire une depesche, à ceux si, à ceux la,
Mais ces despesches la sont facilles à faire
Car le plus ignorant est plus propre a cela.

Deliure moy Seigneur

De la dame qui a la face cramoysie
Le marcher de trauers le regard furieux
L'aleyne d'vn retrait l'esprit malicieux
Et qui ne vit sinon de noire ialousie.

Regrets faict sur vn fascheux logis.

SATYRE.

Deliure moy Seigneur de se triste seiour
De ce fascheux logis ou j'oy crier sans cesse
Le maistre, les valets, les ostes & l'hostesse
Et ou Bacus y est adoré tout le iour.

Deliure

Deliure moy Seigneur de ce chariuari
Qu'on fait soir & matin dans ceste hostellerie,
L'vn crie apres Martin & l'autre apres Marie:
Mais ce n'est rien qui n'oit la femme & le mary.

Deliure moy Seigneur du perilleux degré
Où il faut si souuent que ie monte & descende,
Qui est droit & estroit n'ayant qu'vne limande
Pour marches & apuy du tout laid à mon gré.

Deliure moy Seigneur de ce ioly grenier,
Là où ie suis contraint de passer la iournee,
Où i'oy toute la nuict vne troupe affamee
De ratz & de souris qui rongent vn panier.

Deliure moy Seigneur de la pluye & du vent
Qui passe par les trous de nostre couuerture,
Où i'ay desia gaigné par bonne morfonture
Vne toux, vn mal d'œil, & perdu vne dent.

Deliure moy Seigneur encore d'vn tourmant
Qui m'offence bien plus que ne fait la froidure,
C'est l'importunité d'vne fumee obscure
Qui me vient estoufer la nuict en m'endormant.

Deliure moy Seigneur de la mauuaise odeur
De ce lict dans lequel il faut que ie me couche,

Des gros draps des haillons qui ſont dans cette couche,
Dont ie ne puis parler ſans auoir mal au cœur.

Deliure moy Seigneur de tous les mandiens
Qui ſont dedans le lit comme poux & punaiſes:
Puces & autres gens tant galeux que galoiſes,
Car ie n'aymé iamais tous ces ingrediens.

Deliure moy Seigneur de l'aller & venir
De l'hoſte en mon grenier qui vient carder l'a laine,
Qui a les pieds puans, encore plus l'alaine.
Et qui veut malgré moy touſiours m'entretenir.

Deliure moy auſſi du caquet importun
De ſa laide moytié qui veut faire la belle:
Qui me fait ſouuenir d'vne vieille eſcarcelle
Dont le cuir tout ridé d'eſplaiſt à vn chaſcun.

Et me deliure auſſi de ce faſcheux Angin
Que branſle toute nuict la pauure chambriere,
Dans lequel il y a vn enfant qu'on oit braire
Et ne s'apaiſe point qu'il n'ait eu le tetin.

Deliure moy encor de l'ennuyux ſermon
Dont ie ſuis tous les ſoirs pris comme à la pipee,
Par leur fils Maturin qui vient l'apres ſoupee
Me raconter les faicts des quatre fils Aymon.

Deliure moy außi, ie te suplie Seigneur,
Des femmes de se lieu qui sont si basanees
Que l'on diroit quel les ont raclé des cheminees,
Pour en auoir la suie & s'en donner couleur.

Deliure moy encor' de ces bots & sabots
Que portent en iuer les femmes & les filles,
Car il m'en ont quasi roupu les deux cheuilles
En iouant auec eux à la beste à deux dos.

Bref ie te prie Seigneur, deliure moy bien tost
De ce triste seiour & que ie n'y reuienne,
Que de tous mes souhaits à mon but ne paruienne:
Et que i'aille à Paris en trois pas & vn saut.

Seigneur i'ay oublié racomptant ses plaisirs
Le desplaisir que i'ay en iouant à premiere,
Où i'ay vuidé d'argent ma bource toute entiere
Pour l'emplir puis apres de regrets & souspirs.

Louange de l'amour.

SAinct Augustin instruisant vne Dame
Dit que l'amour est l'ame de nostre ame,
Et que la foy tant soit constante & forte
Sans vray amour est inutile & morte:

Sainct Bernard fait vne longue Homelie
Où il benit tous les cœurs qu'amour lie,
Et Sainct Ambroise en fait vne autre expresse
Où il maudit ceux qui sont sans maistresse,
Et Delira là dessus nous raconte
Que qui plus ayme, plus haut au Ciel il monte.
Celuy qui sceut la volonté de son maistre
Dit que l'Amant damné ne sçauroit estre,
Et dit bien plus le Docteur Seraphique,
Que qui point n'ayme est pire qu'heretique:
Pource qu'amour est feu pur & celeste,
Qui ne craint point qu'autre feu le moleste.
Sainct Pierre a dit qu'auec les clefs qu'il porte
Aux vrays Amans il ouurira la porte,
Sainct Iean Baptiste aux forests plus desertes
Graua l'amour sur les escorces vertes:
Sainct Dominique ennemy du desordre
Permet l'amour à tous ceux de son ordre,
Et sainct François aymant sa chambriere
N'ayant plus rien luy donna son Breuiere:
Celuy qui porte vn gril pour son enseigne,
Les hauts effetz de l'amour nous enseigne.
Celuy qui porte & bourdons & coquilles
Est protecteur des femmes & des filles.
Sainct Clement a donné force patentes
A tous ceux-là qui ayment leurs parentes.
La Madelaine aux rochers de Prouence

Du vray amour ayda sa penitence:
Sainct Crespin fist en ce mestier pratique,
Puis pour aymer il vendit sa boutique.
Et dit on plus de ce bon sainct Eustache
Que pour aymer il perdit sa moustache,
Sainct Thomas dit & de sa propre bouche
Qu'il ne croit rien sinon quant il touche,
Le gros & gras Hugonis de Sorbonne,
Dit que l'amour est vne chose bonne.
Monsieur Vigor en ses sermons nous preuue
Que l'on cognoist vne fille à l'espreuue:
Et c'est pourquoy, comme dit sainct Gregoire,
Vn Amant faict icy son purgatoire.
Nulle de vous ne soit donques si dure,
Qu'elle resiste à la saincte Escriture:
Puis qu'on la voit de ce propos remplie,
Que pour aymer la loy est accomplie,
Et que les Saincts ont faict l'amour ensemble,
Nous ne sçaurions mieux faire ce me semble.

Le grand & perilleux combat de quatre Courtisans.

LE champ estoit ouuert où quatre combatans
Vrays Mars en taille douce & foudres en peinture
Pour vn subiect d'amour ensemble contestans
Dans les armes sembloient chercher leur sepulture.

Tout espoir estoit hors en vne Isle enfermez,
Theatre glorieux de leur sanglante guerre
A leurs ardans combats il estoient animez,
Pour arbitres n'ayans que le Ciel & la terre.

Venus les aperceut en regardant des Cieux
Dans l'air elle se lance & coulant par la nue
Pour ne laisser perir ces Rolans furieux
Separer leur querelle est promptement venue.

Enfans leur dit la belle außi hardis que beaux
Deposez vos poignards & vos fureurs depites
Vous ne n'asquistes point pour peupler les tombeaux
Conseruez vous vn peu gentis Hermafrodites.

Celle pour qui l[redacted]ces armes en vos mains
N'eut à son ascendent [redacted] astre si contraire
Que d'estre née au monde à la mort des humains
Faites le luy plustost que vous entre-deffaire.

Si par le seul duel vous estes apaisez
Changez en la nature & le lieu tout ensemble
Qui soit fait sur vn lit ou les coups sont aysez,
Et demeure vainqueur celuy qui ne le semble.

Mais soit Iuge des coups le genereux sainct Phale
Entre tous bien-heureux s'il le sçauoit comprendre,

De voir que sa maistresse est comme Bucephale
Qui ne laissoit monter que son maistre Alexandre.

Ainsi parla Venus les debats terminant
De cette ieune troupe aux armes si cognue
Puis soudain dis-parut dans le Ciel retournant
Par le mesme chemin qu'elle en estoit venue.

EPIGRAMME.

Par le sieur Colletet.

Lors que sur ton lict, à mon ayse
Catin ton teton droit ie baise
Tu me dis ô cher Fauory
C'est le teton de mon mary
Celuy qui s'enfle au costé gauche
C'est poor toy seul qui me d'esbauche
Ton partage est bien le meilleur
Puis que c'est le costé du cœur.

AVTRE EPIGRAMME.

du mesme.

Ne croy que Francine soit folle
De refuser vne pistole
Lors que je la veux cheuaucher

Elle croit en sa conscience
Que ce seroit vendre trop cher
Le regret de sa iouyssance.

EPIGRAMME,
Par le sieur Maynar.

LOrs qu'Anthoinette eut veu que malgré son desir
Son drolle à ...utre en cul prenoit tout son plaisir,
Et que son C. viuoit oysif & solitaire.
Que fais-tu, luy dit-elle, ô perfide assasin !
I'ay plus besoin d'vn V. que non point d'vn clistere,
Ie demande vn ...teur, non pas vn Medecin.

SONNET.

O Bocage à fil d'or le seiour de Cypris,
O petit Mont Iumeau d'où sourdent des delices,
Heureux port des Amans & cariere des lices,
Où des douceurs d'amour l'on conteste le pris.

O rose incarnadine en toy seul est compris
Tout le bien des mortels & toutes leurs blandices,
Pour toy ce que l'amour a de plus doux exercices
Le grand maistre des Dieux a le Ciel à mespris.

O mon doux paradis vn chaud desir me presse
De m'abreuuer dans toy, non pas dedans Pernesse,
Pour t'egaler en gloire au Priape Romain :

Mais le los te desplaist & tu fuis le langage,
Demandant seulement par espece d'hommage
Qu'on t'adore à genoux vn V. roide en la main.

SIXAIN sur la Commette.

CEste Commette à rouge queuë
Que depuis vn peu l'on a veuë
Luire ardante dessus Paris
Ne presage nulle infortune,
Si de hazard ce n'est la commune
Que redoutent tant les Maris.

TOMBEAV.

AMy si tu es demonté,
Si ton cheual est deboité
Adresse coy ton aduenture,
Tu trouueras sous ce tombeau
Celle qui seruante au bordeau
A Charon seruoit de monture.

DIALOGVE.

Dem. QVi eſt ce corps que mille enfans en deuil
S'en vont pleurans le menans au cercueil?
Reſp. C'eſt Picholin que ces veufues pleurantes
Vont conduiſans ſous ces voutes relantes.
Dem. Les vefues, non les filles. R. Vefues car Picholin
Pouuoit bien cheuaucher ſans laiſſer d'orphelin:
Il fut bougre parfait & meſmes iuſqu'aux chates
Et les a enfilees en deſpit de leurs pattes,
Et afin que tu croye que ie ne ſuis menteur
Si tu ne ſors d'icy il te ...tra Lecteur.

SATYRE.

QVe mes iours ont vn mauuais ſort,
Que ma planette eſt mal logee,
Que la fortune eſt enragee
De me perſecuter ſi fort.
L'on ne me voit point rire aux farces
Ie n'ayme ny bals ny chanſons,
Foutre des culs & des garçons,
Maugrébieu des cons & des garſes.
L'vn me dit, ta femme cheuauche,
Ie viens de perdre mon argent:

I'ay fait rencontre d'vn sergent
Et i'ay veu le croissant à gauche.
Ie me fasche & me plains de tout,
Tout ce que ie voy m'importune:
Ventre-bleu le destin me ...ut
I'enrage contre la fortune.
Ie pisse le verre & le feu,
Ie ne crache que de la colle:
Ie n'ay pas presques vn cheueu,
Ha ventre-bleu i'ay la verolle.
I'ay la grauelle dans les reins,
Ie ne trouue plus qui ie foute:
Et la saincte ampoulle de Reims
Tariroit plustost que ma goutte.
A cinquante ans vn homme est mort
Ce n'est plus que pourriture:
Morbleu les destins nous font tort,
...tre d'eux & de la nature.

EPIGRAMME.

LEs chancres m'ont laissé secher
Tant de cales dessus la chair
Qu'elle ne peut deuenir molle,
Et mesmes à ce renouueau
Il m'en reuient dessus la peau:
Ha ventre-bleu i'ay la verolle.

Pour l'hiuer de l'an 1622.

SATYRE.

TYrsis qui me vois tout transi
Trouue tu pas ce froid icy
Plus grand que celuy de Decembre,
Et qu'il fait meilleur dans ta chambre
Le dos tourné deuers le feu,
Paßer le temps à quelque ieu,
Rire & se prouoquer à boire:
Que pour aller chercher la foire,
Passer comme ie fay souuent
Sur le pont neuf le nez au vent;
L'air qu'on y respire est de glace,
On n'y peu marcher sans grimace
Le manteau iusques sur le front,
Comme vn qui redoute vn afront:
Ceste froidure est bien estrange,
Qui fait des Rochers de la fange,
Qui fend les maßifs fondemens
Des plus asseurez bastimens,
Et se roidit contre la Seine
Qui ne va plus qu'auecque peine:
Tout se ressens de son effort,
Les basteaux sont clouez au port,

La Samariteine enrumee
N'a plus sa voix accoutumee,
Sa cruche seché iusqu'au fond
Ne verse plus d'eau sur le pont:
Les moulins sans changer de place
Demeurent oysifs sur la glace,
Les crocheturs demy troublez,
Rapellent à coups redoublez
Tous leurs chaleurs naturelles
Frappant des bras soubs les aisselles.
Les miserables porteurs d'eau
Tremblants en l'atente du sceau,
Qui se remplit dans la fonteine,
Chauffent leurs mains à leur haleine:
Les plus penibles artisans
Par tout chagrins & deplaisans,
Demeurent auec leurs pratiques
Les bras croisez dans les boutiques,
Les pauures gelez & transis
Contre la terre mal aßis
Aux lieux publics d'vne voix lente
Et d'vne main seche & tramblante
Demandent l'aumosne aux passans.
Mais le froid leur glace les sens,
Les Dames ne font plus la presse
Comme elles souloient à la Messe:
Celles qui s'ecartent du feu,

La leure pale & le nez bleu
Paroissent tout morfondues
En carosse au milieu des rues.
Celles qui restent aux maisons
Troussent leurs nipes aux tisons,
Et deuant le chien & la chate
Montrent leur cuisse delicate.
Le Courtisan le plus adroit
Ne peut s'empescher dans ce froid,
Que sa barbe en fer de toupie
Ne se gesle auec sa roupie:
Chaque fois qu'il se va chaufer
Elle y fait repasser le fer.
Ceux que la pauureté dispence
De se porter à la despence.
De bonne heure se vont coucher,
Parce que le bois est trop cher.
On voit la bourgeoise proprette
Auec sa petite soubrette
Qui trotent comme des souris
Dessus le paué de Paris.
Les carrefours sont sans tripieres
Les sergents quitent leurs barrieres,
Les femmes qui vendent du fruict
Aux marchez ne font plus de bruict:
Tout diuertissement nous manque,
Tabarin ne va plus en banque.

L'hostel de bourgongne est desert
Chacun se tient clos & couuert
Et moy Tyrsis i'en fais de mesme
Car i'ay le visage si blesme
Du froid que ie viens d'endurer
Que ie suis contraint d'en pleurer
Et bien que ie sois à mon aise
Au pres de toy deuant la braise
Pour te conter ces accidens
I'ay peine a deserrer les dents.

Ode sur vn pourtait fait à plaisir.

O Chef d'œuure de la nature
Merueille du plus beau des ars
Parfait assemblage de fars
Qui faites honte à la nature
Beau pourtrait que i'ayme sur tous
D'où vient que pour l'amour de vous
Ie m'areste icy d'ordinaire
Veu que la douceur de vos traits
Ne me figure les attraits
Que d'vne chose imaginaire.
Comment auez vous le pouuoir
De rauir mes yeux & mon ame

D'où naiſt ce deſir qui m'enflame,
Pourquoy m'obſtinai-je à vous voir
Si i'eſtois eſpris d'vn viſage
Dont ie vous creuſſe eſtre l'Image.
A bon droit ie vous cherirois
Et ne voudroy pas faire eſchange
De vous aux trais de Michelange
Qui ſont aux cabinets des Rois.
Mais quoy vous n'enpruntés vos charmes
Que de la main de voſtre autheur:
Vous n'avés rien que de menteur
Si vous prouoqués mes larmes:
Quelle eſtrange cruauté,
Ie cognoy que voſtre beauté
Par mes pleurs peut eſtre effacee,
Qu'on luy peut nuire du toucher
Et ſans pouuoir m'en empeſcher
Ie la tiens touſiours embraſſee.
Ie veux que l'eſclat de vos yeux
Surpaſſe la nature meſme,
Que voſtre beauté ſoit extreſme
Qu'on n'eut iamais rien faict de mieux.
Que la main d'vn ſecond Apelle
Vous ait fait la bouche ſi belle,
Les traicts du viſage ſi doux
Si voſtre eſſenſe n'eſt fondée
Que ſur l'effort de ſon idée,

Pour-

Pourquoy ſuis-ie amoureux de vous ?
Cependant l'ardeur me conſomme,
Ie bruſle & ie ne ſçay comment,
Contraint d'adorer follement
L'imagination d'vn homme.
Ce mignon qui ſe creut ſi beau
Mirant ſon viſage dans l'eau
N'eut iamais vne amour ſi folle,
Car il ne ſe cognoiſſoit pas :
Et moy i'ayme les faux appas
Que ie cognoy dans vne idole.
Ie ſurpaſſe tous les humains
Au fol deſir qui me prouoque
Pigmalion dont on ſe mocque
Ayma l'ouurage de ſes mains.
Ixion qui creut ſoubs la nuë
Tenir ſa Iunon toute nuë
Au moins contenta ſon deſir,
Mais pres de l'obiet qui m'enflame
I'accrois le deſir de mon ame
Sans eſperance de plaiſir.
Que i'ay d'ennemis à combatre
Dieux en quels tourmens ie me voy
Lors que ie tiens aupres de moy
Cher tableau que i'dolatre.
Il accorde tout à mes vœux
Ie le careſſe quand ie veux

Et rien de bon ne m'en ſuccede
Car ſes regards ſont innocens,
Mes baiſers froids & languiſſans
Et ſa faueur ſans aucun ayde.

Pour donner le iour à ſes yeux
Ie voudrois comme Promethee
Auec vne audace effrontee
Pouuoir rauir le feu des cieux.

Et quand pour punir mon offenſe
On m'expoſera ſans deffenſe
A la faim d'vn ſecond vautour:
I'aurois beau languir à la geſne
Auant que de ſouffrir la peine
Que ie ſens de mon fol amour.

Cher amy qui pour mon dommage
Conſerues ſi ſoigneuſement
Prés de ton lict pour ornement
Ceſte belle & parfaicte image.

Fay qu'on la bruſle deuant toy,
Qu'vne fois pour l'amour de moy
Ie la puiſſe voir enflammee:
Et que mes deſirs continus
Retournans comme ils ſont venus
Aillent auec elle en fumee.

EPIGRAMME.

SI vous croyez que vos regards
Pour blesser mon cœur sont les dards,
Vostre vanité vous abuse:
Car si ie puis sentir vos coups,
C'est que voyant vne Meduse
Ie deuiens rocher deuant vous.

N. FRENIDE.

EPIGRAMME.

MAiette est femme tres-honneste,
Et si ce n'est vn iour de feste
Elle a tousiours l'aiguille en main:
Mais c'est vne aiguille marine,
Qui sert à treuuer le chemin
Sur l'ocean de son vrine.

N. FRENIDE.

EPIGRAMME,

FIe la voille aux vents, fie ta nef aux flots,
Mais ne fie ton cœur à la femme muable:
Le vent est plus constant, l'onde plus veritable
Que leurs affections, que leurs fardes propos.
Nulle femme n'est bonne, & si parauanture
Quelqu'vne il s'en trouuoit, ie ne puis pas songer
Par quel secret destin en bon on peust changer
Vne chose qui est mauuaise de nature.

SONNET.

POltron V. que tu es tu leues haut la teste,
Tu fais bien le vaillant, tu menasses de loing,
Tu tempestes d'ardeurs, & quand il est besoing
Tu defaux & tout court ta furie s'areste:
Viens ça lasche vilain d'vne si grande beste
Comme est le mien honneur, as-tu si peu de soing,
Ie t'anime au combat, ie te prens à plain poing,
Et pliant tu t'abas infame & deshonneste.
Va que maudit tu sois, tu m'as fait si grand tort
Que i'atteste Venus ie voudrois estre mort:
Ie t'ay veu si vaillant, ie t'ay veu si bien faire
Sans qu'il en fut besoing, & maintenant coüard,

Que i'ay voulu prouuer ta force en bonne part,
Iamais à mon desir tu n'as pu satisfaire.

EPIGRAMME POVR CATIN, par le sieur Motin.

IE voy bien à vostre mine
Que ie vous degoute du tout:
Mais vous n'estes pas si fine
Que ie ne sçache qui vous ...ut.

Contre vn Courtisan SATYRE, Par le sieur Berthelot.

CRaintif comme vn Cerf qu'on chasse,
Et de plus mauuaise grace
Que n'est quelque gros cafard:
Ie suis ce braue gendarme
Qui ne fus onc sans arme,
Et ne vis iamais combat.
Ie suis ce braue Ganimede
Qui puis blesser sans remede
Des ames vn million
Roy des villes abismees
I'ay les fesses couronnees
Des fleurs de satyrion,

Au lict ainsi que la guerre
D'vne picque il m'enferre,
Et si i'ay cela de bon
Qu'en l'vn ny en l'autre vsage
Iamais ne tourne visage
Vers l'ennemy ce dit-on.
Quelquefois comme vn sainct George
Armé iusques à la gorge,
Ou bien comme vn Iacquemard
En masque ie me presante :
Mais cet habit m'espouuante,
Si ne suis-ie pas coüard.
Bien souuent i'ay ouy dire
Que la calamité attire
Le fer, ie m'en suis seruy :
Mais par vn effect estrange
Sur moy la vertu se change
Sans pouuoir estre guery.
Fi d'honneur, fi de la guerre,
Bacchus couronné d'vn verre,
Venus tournee à l'enuers
Sont les Dieux que ie veux suiure :
Dessous leurs loix ie veux viure,
Les honnorant dans mes Vers.

EPIGRAMME,
Par le sieur Motin.

CE Quatrain tout plain de diffame
Qu'on dit que sur vous i'ay faict,
Ie ne l'ay sur vous fait Madame :
Mais ie voudrois bien l'auoir fait

STANCES.

Par le sieur Regnier.

FEmmes qui aymez mieux le ...tre que le pain,
Qui prenez en ..utant vn plaisir souuerain:
Qui faites de vos C. vne source feconde,
Qui creuez de depit quant on ne vous ..ut point.
Laissez vous ...tre à moy i'ay le V. en bon point
Et vous direz que c'est le Paradis du monde.

Ie croy que tout ...toit quand ie fus engendré
Tant ie suis en ..outant chaudement agité,
Donc ardeur qui n'est point a tout ...teurs commune
Si i'approche d'vn C. ie me sens eschaufer :
Ny mary ny parent ne peuuent m'estonner,
Mon V. & mes couillons courent mesme fortune.

O mourir agreable, ô trespas bien-heureux,
S'il y a quelque chose en ce monde d'heureux :
C'est vn tombeau tout nu d'vne cuisse yuoirine,
Les esprits vont au Ciel d'vn rauissement doux :
Si l'homme meurt dessus la femme meurt dessous,
Mais vne mort est peu pour chose si diuine.

Ce sont motz inuentez de parler de l'honneur,
Et dire qu'en ...tant on n'a point de bon-heur :
Et que celuy qui ...ut à la vertu s'oppose
Il n'est point d'autre honneur que de ...tre tresbien.
Car sans ce doux plaisir la vertu ne vaut rien,
Honneur, ...tre & vertu c'est vne mesme chose.

Quatrins contre les hommes.

Deliure moy Seigneur.

DEliure moy Seigneur de l'homme vitieux,
Et de tous ces aguetz de son ame meschante,
Qui attache, qui iette à celuy qui le hante
La fange sur le front & la poußiere aux yeux.

Deliure moy Seigneur

De celuy qui me dit qui est fort mon amy,
Et toutesfois ie sçay que quand il se rencontre
Que l'on mesdit de moy il fait de l'endormy :
Et de peur de fascher il n'est ny pour ny contre.

Deliure moy Seigneur

De celuy qui m'enseigne à estre charitable
Et pille à toutes mains & derobe en tout lieu,
Qui dit bien des propos qui sont propres à Dieu:
Mais qui ne fait sinon que les œuures du diable.

Deliure moy Seigneur

De celuy la qui faint auoir le cœur ouuert
De tous ce qu'il vous dit n'est rien de ce qu'il pense,
Et tout le ieu qu'il iouë il le iouë à couuert:
Et feint de vous loüer alors qu'il vous offense.

Deliure moy Seigneur

De celuy qu'on ne peut iamais prendre sans vert,
Qui en mille façons interprete son dire:
Qui en tous ses propos se tiens clos & couuert,
Et pique iusqu'au sang faisant semblant de rire.

Deliure moy Seigneur

De celuy qui n'ayant fait boire le poison
Et me voyant mourir fait mine de me plaindre
De celuy qui a mis le feu dans ma maison,
Et feint de porter l'eau pour le vouloir estaindre.

Deliure moy Seigneur

Du prelat qui ne sçait que c'est que charité,
Qui ne donne iamais, qui brusle d'auarice:
Qui est tousiours vestu à la simplicité
Et qui est au dedans tout fouré de malice.

Deliure moy Seigneur

Du Iuge que l'on tient pour fort homme de bien

Et compose soubs main auecque les parties,
Qui fait perdre la cause à qui ne donne rien:
Et qui la fait gagner s'il a les mains nanties.

Deliure moy Seigneur

De ce pauure ignorant qui ne sçait rien du tout
Et dispute tousiours de la Philosophie,
Qui ment des questions & n'en viens pas about :
Et puis trouue mauuais s'il voit que l'on en rie.

Deliure moy Seigneur

Du voisin qui s'en vient demander son voisin
Alors qu'il n'y est pas, pour mieux voir sa voysine :
Et du cousin qui faint de chercher son cousin
Non pas pour son respect mais bien pour sa cousine.

Deliure moy Seigneur

De celuy qui souuent change d'opinions
Et ne se peut resoudre en toutes ses affaires,
Ou bien s'il se resout ses resolutions
Se changent aussi tost en mille auis contraires.

Deliure moy Seigneur

De ce ieune mignon qui se vante à credit
D'auoir eu en ses mains tant de bonnes fortunes,
D'auoir receu poulets, d'en auoir fort escrit,
Et n'eust iamais faueur que des femmes communes.

Deliure moy Seigneur

De celuy qui ne tient iamais autre propos,
A la Dame qui sert sinon quelle est fort belle:

Qu'elle eſt en fort bon point & n'a rien que les os,
Qui luy percent la peau, & dit qu'il meurt pour elle.

Deliure moy Seigneur

De celuy qui m'a dit cent fois que ie l'employe,
Et ſi ie vois vers luy pour demander ſecours:
Il ſeignera du nez, & touſiours me renuoye
De demain à demain, de huict iour en huict iours.

Deliure moy Seigneur

De celuy qui nous preſche vne fauſſe doctrine
Et ce fait vn noueau Prophete de la loy:
Qui nous meine tous droict au chemin de ruine
Si nous fait deuoyer du chemin de la foy.

Deliure moy Seigneur

Du mary qui s'en vient demander à ſa femme,
Apres qu'on eſt parti, que vous diſoit vn tel?
Parloit il pas d'amour, iurez moy ſur voſtre ame,
S'il ne vient pas icy pour me donner martel.

Deliure moy Seigneur

Du rouſſeau tauelé qui bat vn peu des ailles,
Qui donne vn coup de pied à ſes plus gros amis:
Car ie n'ayme non plus les pieds que les eſſelles
Et les tiens pour ſuſpects & pour mes ennemis.

Deliure moy Seigneur

De ce ieune friſé qui n'a point d'aſſeurance,
Qui demeure tout court quand il à dit trois mot,
Qui paye tout contant, mais c'eſt en reuerence,
Qui ne reſpond iamais ſinon mal à propos.

Deliure moy Seigneur

De ce monsieur mon fils qui n'a point d'exercice,
Au premier apareil est cognu pour vn sot:
Qui ne fait rien si bien que d'offrir son seruice,
Qui ne fait rien si mal quand il est pris au mot.

Deliure moy Seigneur

Du lourdaut qui diroit que ce seroit vn crime
De s'adresser en lieu où quelqu'vn aye part:
Qui ne sçait qu'en amour aussi bien qu'à la prime
L'on y entre souuent comme estant tiers ou quart.

EPIGRAMME.

L*E ris compagnon de santé*
Est propre à la race mortelle,
I'ay souuent experimenté
Qu'il fait grand bien à la ratelle.
Ce poëte n'est pas sans ceruelle
Qui nous fait rire en s'esbatant:
Ie ne sçay pas comme il s'apelle,
Mais ie vois boire à luy d'autant.

Des Cheualiers de la gloire

STANCES.

QVe les Cheualiers de la gloire
Ayent ſur dix milles victoires
Cela ſe peut facilement:
Mais de ſortir ſans nulles debtes
Apres tant de deſpences faites
Cela ne ſe peut nullement.

Que les Cheualiers tres-fidelles
Trompent tous les iours quelque belles
Cela ſe peut facillement.
Mais de tromper ſur leur creance
Les marchands ſans donner finance
Cela ne ſe peut nullement.

Que les quatre vents ſur leurs teſtes
Facent tourner des giroüettes
Cela ſe peut facillement:
Mais qu'apres tant de belles courſes
Il ne ſorte rien de leurs bources
Cela ne ſe peut nullement.

Que le Phenix l'oyſeau vnique
Remporte vne gloire autentique
Cela ſe peut facillement:
Mais que ces geans inuincibles

Sans argent se rendent visibles,
Cela ne se peut nullement.
Qu'on facent les Cesars reuiure,
Qu'on vienne leurs valeurs ensuiure,
Cela se peut facillement.
Mais des tresors imaginaires
Payer marchands & lapidaires
Cela ne se peut nullement.
Que les Nimphes rendres les braues
Et les plus graues leurs esclaues
Cela se peut facillement:
Mais qu'aucun des cinq flechisse
Les marchands remplis d'auarice,
Cela ne se peut nullement.
Que les neuf Muses l'on estime
Autant que prose, que la rime
Cela se peut facillement:
Mais qu'elles payent tant de hardes
En Sonnets, Rondeaux & Balades
Cela ne se peut nullement.
Que les grands cheualiers de France
Apprendent au faquin leurs lance
Cela se peut facillement:
Mais pour leurs escus ie deuotte
Qu'ils logeront chez Gaspardote
Cela ne se peut nullement.

EPIGRAMME,
Par le sieur Motin.

EXcusez moy belle Cliante
Dequoy ie ne puis vous aymer,
Et si la brunette Amarante
Seulle a pouuoir de m'enflamer :
Souuent la beauté du visage
N'assubiettit pas vn courage,
Amour ce guerrier indompté
Pour nous surprendre à diuers charmes.
Mais quelquefois les moindres armes
Sont les armes de la beauté.

EPIGRAMME.

ALix ne peut appaiser
Le couroux de sa fille Isaute
Qu'à luy n'auoit voulu baiser
Luy dit ceste raison presente :
Mais ma fille c'est vn grand fait :
Croyez qu'il n'y va rien du vostre
Aymant son sexte comme il fait,
Il ne peut pas aymer le nostre.

EPIGRAMME.
par le sieur Motin.

ALix ie ſuis hors de ſeruage
Le temps me donne guariſon,
Qu'on ne m'eſtime point vollage
Pour n'aller plus en ta maiſon.
Ie n'ay point fait d'autre maiſtreſſe
I'en iure amour & ſon bandeau
C'eſt que i'ay promis & confeſſe
De n'aller iamais au bordeau.

SONNET.

PReſſez de chauds baiſers ma bouche de ſa bouche
De ſes bras amoureux m'eſtraindre fermement,
En riant s'eſchaper de ſon embraſſement
Me nommer importun & faire la farouche.

Feindre vn petit refus alors que ie la touche,
Puis d'vne blanche main luy mette entierement
Aux accords de Venus reſpondre eſgallement:
Et d'vne langue humide attaquer l'eſcarmouche.

Fermez à demy l'œil & me dire attendez
Ie ne fais pas encore & deſia vous rendez

M'appel-

M'appeller de ces mots qu'enseigne les delices.

Mourir quand elle y tombe, en rendant se pasmer,
Et pour m'y rechaufer sçauoir mille artifices,
Sont-ce pas des raisons pour la faire aymer?

EPIGRAMME,
Par le sieur Motin.

I'Estime fort vostre doctrine,
Vostre bel esprit, vostre mine,
Qui vous fait estimer de tous,
Mais pour moy qui ne suis qu'vn asne
Ie n'ayme rien si ie ne ...ous,
Feußiez vous la Papesse Ieanne.

EPIGRAMME,
par le sieur de Sigognes.

ELle suceroit bien la goutte
De quelque gros V. reboulé,
Mais ie veux qu'vn gouiat la ...te
Auec vn concombre pellé.

EPIGRAMME.

D'vne qui estoit borgne & bossuë.

SI l'œil n'est que l'image estroitte
De l'esprit, soit bon ou peruers,
Son ame ne peut estre droitte
Puis que ses yeux sont de trauers.
Ceux qui l'ont fait estoient bons maistres,
Et trouuent qu'ils auoient raison
De luy auoir fait la fenestre
Aussi droitte que la maison.

DV SIEVR COLLETET.

SONNET.

DOux est le front de ma belle maistresse,
Doux est le traict que decochent ses yeux:
Doux est son teint, doux son ris gracieux,
Douce est aussi sa bouche charmeresse.

Douce est sa voix, douce sa blonde tresse,
Douce est sa ioüe où se plaisent les Dieux:
Doux est aussi son sein delicieux,
Douce est sa main qui doucement me presse.

Doux eſt ſa iambe, & doux ſon pied ioly,
Doux ſon nombril, doux ſon ventre poly,
Doux eſt l'attraict de ſa grace diuine.

Mais plus que tout, Amy, ie trouue doux
Le mouuement de ceſte belle Alcine,
Lors qu'il aduient qu'en ſecret ie le …us.

SONNET.

SAturne ayme le Ciel, & Iupin ſon tonnerre,
Iunon les cœurs hautains, Cyprine les esbats:
Mercure les diſcours, Mars les cruels combats,
Diane les foreſts, Ceres toute la terre.

Neptune ſon trident, Bacche ſon verd lierre,
Minerue la ſageſſe, & Pluton les lieux bas:
Vulcain le feu ardant, Megere les debas,
Flore les belles fleurs que Printinne deſſerre.

Pan ſe plaiſt dans les bois, & Priape aux iardins,
Pales aime les prez, & Themis les humains,
Phœbus ſa douce Lyre, & Cupidon ſes fleches.

Les Parques leurs fuſeaux, la Lune ſon eſclat,
Hercule ſes labeurs, les …teurs toutes breches,
Et Lyſe n'ayme rien que mon V. delicat.

SONNET.

I'Ay les ...illons enflez de t'auoir tant ...tuë,
Encore n'est-ce assez ce me reproches tu:
Trois coups sans des...ner quoy n'est-ce assez ...tu?
Si i'en fais iamais plus que le diable me tuë.

Veux-tu que iour & nuict mon courtaut s'éuertuë,
Qu'en la fleur de mon aage on le voye abbatu?
Ieune il faut conseruer sa ...tante vertu,
De peur que vieil ne soit la mentule abbatuë.

Bien-heureux sont les V. que l'on ne peut dompter,
Pource que tous les C. ils peuuent contenter:
Mais quel C. fut content au ieu de ...terie?

Plustost se lasseroient les Enfers de corps vifs,
Que les C. feminins du ...tre de nos V.
Qui leur sert de Nectar, & de douce ambrosie.

EPIGRAMME.

PVis que comme tu dis Pilame,
Les vers que tu fais sont dorez:
Il ne leur reste que la flame
Pour les rendre tout espurez.

STANCES

Par le sieur Regnier.

SI vostre œil tout ardant d'amour & de lumiere
De mon cœur vostre esclaue est la flame premiere,
Que comme vn Astre sainct ie reuere à genoux
Pourquoy ne m'aymez vous?

Si vois que la beauté rend ores si superbe,
Deuez comme vne fleur qui flestrit dessus l'herbe
Esprouuer des saisons l'outrage & le courroux
Pourquoy ne m'aymez vous?

Voulez vous que vostre œil en amour se fertille,
Vous soit de la nature vn present inutille,
Si l'Amour comme vn Dieu se communique à tous
Pourquoy ne m'aymez vous?

Attendez vous vn iour vn regret vous saisisse,
C'est à trop d'interest imprimer vn supplice:
Mais puis que nous viuons en vn aage si doux
Pourquoy ne m'aymez vous?

Si vostre grande beauté toute beauté excelle,
Le Ciel pour mon malheur ne vous fit point si belle
S'il semble en son dessein auoir pitié de vous,
Pourquoy ne m'aymez vous?

Si i'ay pour vous aymer ma raison offensée
Mortellement blessé d'vne flesche insensée,
Sage en ce seul esgard que i'ay beny les coups,
Pourquoy ne m'aymez vous.
La douleur m'estrangeant de toute compagnie
De mes iours malheureux à la clarté bannie,
Et si en ce mal-heur pour vous ie me resous,
Pourquoy ne m'aymez vous.
Fait le Ciel qu'en fin vous puissiez recognoistre
Que mon mal a de vous son essence & son estre:
Mais Dieu puis qu'il est vray, yeux qui m'estes doux.
Pourquoy ne m'aymez vous.

SONNET.

Par le sieur Regnier.

ET bien mon doux amy comment vous portez vous,
Estes vous satisfait du C de Magdelaine,
Quand à moy ie suis bien, i'ay le V. en halaine
Tout prest comme il me semble à ...tre quatre coups.

Ie prends tant de plaisir à l'heure que ie ...ous
Et que Rose soubs moy à ...tre ie domaine,
Que lassé de mon ame au bout du V. la meine
Pour faire vn lict d'honneur entre ses deux genoux.

Mon V, en y pensant se roidit & s'eschauffe
Tellement que sa forme apparoit par dehors
Au souuenir de Rose ie fay leuer ma chausse.

Rose de qui le C. a de roses les bords
Où ie voudrois fourrer les coüilles & le corps,
Et là comme vn enchois me fondre tout en sauces.

EPIGRAMME.

De Catin qui auoit mal à son cas.

SI mon C. pourrit au dedans
Ne faut que personne me touche:
On voit que ie n'ay point de dents,
Que l'on me ...te par la bouche.

SONNET.

Par le sieur Regnier.

LA grande volupté qu'on reçoit en ...tant,
Le suaue Nectar que le ...tre liquide
L'ambroziage doux qui fait le comble vide
Pour qui le bon ...teux hardy se va battant.

Le plaisir que l'on a que l'on va recherchant
Les chambrettes d'vn C. que la douceur humide
Fait bransler vn cul en seruant de deux guide
Au ...tre foutatif qui coulle en culletant.

Mignon mon petit mignon ie t'honore tout outre,
Qui veut viure en ennuy il faut viure sans foutre:
Non ie le feray tant & veux que mes couillons.

Gambadent pres d'vn cul il escumeroit de rage
A c'est vn grand plaisir de manger son potage
Trempé deux ou trois fois en de si gras bouillons.

EPIGRAMME,

D'vn Apoticaire.

VN Apoticaire en soy mesme
Voyant sa femme pasle & blesme
Iuroit sembieu ie suis cocu:
Dy moy (dit-il) d'où vient ceste glace
Et que voullez vous que ie face
I'ay toute la chaleur au cul.

LA IALOVSIE AV BALET DE Persee & d'Andromede.

Par le sieur Berthelot.

Ie suis la lumiere des Cieux,
Ie hay toute chose prospere:
Rien ne sçauroit plaire à mes yeux,
Ie suis fille d'Amour, & fais croistre mon pere.

Ie n'ay ny repos ny loisir.
Ie n'arreste iamais en place:
Ie volle comme le desir,
Et tous les plus beaux feux ie conuertis en glace.

On ne voit iamais d'amoureux
Sans vne fiebure dangereuse:
Et durant l'accés douloureux
Ie cause les frissons d'vne fiebure amoureuse.

Bien que ie veuille tout sçauoir
Ie me fasche de trop attendre:
Ie veux tout entendre & tout voir,
Et ne crains rien sinon que de voir & d'entendre.

Rien n'est comme moy d'inconstant:
La peur me suit tousiours, ie tremble:

Ie veux mal & bien à l'instant,
Si i'ayme la beauté, ie la hay tout ensemble.

Mais i'ay fait vn ferme dessein
D'acquiter l'ame de Phinee:
Ie m'en vas loger dans son sein
Et luy dire qu'vn autre a sa Dame emmenee.

EPIGRAMME,

Contre vn Sodomitte.

VN seigneur fauory des Dames de la Cour
Se trouuant affoibly d'vn chancre par derriere,
Son Medecin accord luy alla dire vn iour:
Ie me doute Monsieur qu'auant passer carriere
De l'vn à l'autre Pole, il faudra maintenant
Pour punir le forfait d'vn si enorme vice:
Que vous portiez au front & dans le fondement,
L'vn d'eux deux feignes qui...ut & l'autre quisolstice.

TOMBEAV.

CY gist de peur qu'il ne se moüille
Dessoubz ce tombeau vermoullu,
Vn qu'il se fut bien dans sa coüille
Enseuely s'il eust voulu.

De Ianot qui se plaignoit que sa femme n'estoit pucelle.

LA faim, la honte & le dommage
Suiuent tousiours les mariez:
Si lors qu'ils sont appariez,
L'vn d'eux n'a point son pucelage,
Pourquoy faut-il que vous doutiez
Portant bas les yeux & la verge:
Si vostre femme n'estoit vierge
N'importe puis que vous l'estiez.

EPIGRAMME, D'vn Macquereau.

EN vain il broüille son cerueau
Pour nous fagotter quelque ouurage,
Il gaignera bien dauantage
A son mestier de Macquereau.

EPIGRAMME. de Ianot & d'Isabelle.

VN iour l'amoureux d'Isabelle
Dessoubz sa cotte luy touchoit,
Elle qui faisoit la pucelle

Feignoit que cela luy faschoit:
Mais Ianot qui se delectoit
D'accorder sa flutte auec elle.

DIALOGVE
De Floris & d'Hermize.

Demande.

QVand la belle Lays soubs l'effort de ces charmes
Fist ployer vostre cœur, qu'estiez-vous deuenu?
Où estoit vostre amour, que fit-il de ses armes:
Ie croy qu'il fut surpris & se trouua tout nu.

Responce.

Mon cœur ne ploya point soubs l'effort de ces charmes
Contre cette Meduse il deuenoit rocher:
Mon amour tout diuin n'auoit que faire d'armes,
Les traitz qui sont mortels ne le peuuent toucher.

Demande.

Si deuiez vous mourir plustost que de vous rendre
Et vous courber au ioug d'vne nouuelle loy,
Si vous eussiez aymé, vous pourriez vous deffendre
Du seul ressouuenir que vous estiez à moy.

Responce.

Quand ie l'eusse voulu ie ne pouuois me rendre.
Ie n'estois plus à moy puis que ie suis à vous.

Oncques nouuelle loy ne m'auiendra de prendre
Pour quitter vostre ioug que ie trouue tres-doux.

Demande.

Mais quoy vostre memoire à l'heure fut charmee
Par la douce prison de ce beau changement:
Vous mites en oubly que vous m'auiez aymee,
Et fites vn grand tort à vostre iugement.

Responce.

Ma memoire iamais ne sera tant charmee
D'oublier vos beaux nœuds qui me tiennent pressé:
Ie ne diray non plus que ie vous aye aimee,
Mon amour est vn Dieu qui n'a point de passé.

Demande.

Vous deuiez vous loger selon vostre merite,
Ce qui s'acquiert sans peine est de peu de plaisir:
Vne Deesse mesme est chose fort petite,
Quand ses embrassemens ne coustent qu'vn desir.

Responce.

Ie n'ay point de desir, moins ay-ie de merite
Pour iouyr de la belle & gouster ses plaisirs,
De ses embrassemens neantmoins ie la quitte:
Car vne ardeur plus braue allume mes desirs.

Demande.

Vous ne m'auoüez point d'auoir senti la flame,
Ny d'auoir vostre amour dans le sien contenté:
Vous dites seulement qu'elle picqua vostre ame,
Et qu'elle a des attraitz dont vous futes tenté.

Responce.

Ie ne puis vous auoüer d'auoir senti la flamme,
Iamais plaisir commun ne sera mon vainqueur:
Ie ne puis dire ainsi qu'elle ait picqué mon ame,
Car elle picque plus la bource que le cœur.

Demande.

Ie m'en raporte à vous, mais on ne le peut croire,
On dit que vos desirs sont venus à l'effet:
Ne vous en vantez point, car c'est trop peu de gloire,
Vous auez fait vn tour que prou de gens ont fait.

Responce.

Ie ne me vante point quoy qu'on en veuille croire,
Que i'aye fait venir mes desirs à l'effet:
Mais ie me vante bien sans en pretendre gloire
Qu'il n'a tenu qu'à moy que ie ne l'aye fait.

Demande.

Mais recognoissez moy auec repentance,
Que vous futes volage & peu fidelle amy:
Quiconque pretent faire entiere penitence,
Ne doit point confesser ses pechez à demy.

Responce.

Ie recognoistray bien non auec repentance
Que ie n'ay pas esté vn si parfait Amy,
Que ie ne puisse bien meriter penitence
S'il se faut confesser d'vn mal fait à demy:
Mais ne me nommez plus infidelle & vollage
Ie suis en vostre amour lié trop fermement:

Iamais ne m'auiendra de changer de courage,
Si ie ne perds la vie, ou bien le iugement.

HVICT SONNETS DE RONSARD non imprimez en ses œuures.

I.

MAistresse embrasse moy, baise moy, serre moy,
Allaine contre allaine eschauffe moy la vie:
Mille & mille baisers donne moy ie te prie,
Amour veut tout sans nombre, Amour n'a point de loy.

Baise & rebaise moy, belle bouche pourquoy
Te garde tu là bas quand tu seras blesmie,
A baisé de Pluton ou la femme ou l'amie:
N'ayant plus de couleur, ny rien semblable à toy.

En viuant presse moy de tes leures de roses,
Begaye en me baisant à leures demy closes:
Mille motz transonner mourant entre mes bras.

Ie mourray dans les tiens, puis toy ressuscitee
Ie ressusciteray alors ainsi là bas,
Le iour tant soit-il court vaut mieux que la nuictee.

II. SONNET.

LA mere des amours i'honore dans les cieux,
Pour auoir trois beautez, trois graces auec elles:
Mais tu as vne laide & sotte Damoiselle,
Qui te fait deshonneur, le change vaudroit mieux.

Iamais le chef d'Argus, fenestres de cent yeux
Ne garda si soigneux Linachide pucelle,
Que sa rude paupiere à veiller eternelle
Te regarda tes pieds & te suit en tous lieux.

Ie ne suis pas vn Dieu pour me changer en pluye,
Dessous vn signe blanc mes flancs ie n'estime:
C'estoient de Iupiter les lieux malitieux.

Ie prends de tes beaux yeux ma pasture & ma lie
Pourquoy de tes regards me porte telle enuie,
On voit sur les Autels les images des Dieux.

III. SONNET.

I'Ay vos Ciprés & vos orangers verds,
Le Ciprés est ma mort, l'oranger signifie
Où Phebus me disoit qu'apres ma courte vie
Vne gentille odeur sortira de mes Vers.

Receuez

Receuez ces pauots que le somme a couuertz
D'vn oubly stigieux il est temps que i'oublie
L'amour qui sans profit depuis six ans me lie,
Sans deslascher son arc ou desclouer mes fers.

Pour plaisir en passant d'vne lettre bien grosse
Ses quatre Vers suiuans engrauez sur ma fosse,
Vne Espagnolle print vn Tudesque en ses mains.

Ainsi le sot Hercule estoit captif d'Yolle,
La finesse appartient à la race Espagnolle:
Et la simple Nature appartient aux Germains.

IV. SONNET.

QVand au commencement i'aduise ton merite,
Tu viuois à la Cour sans loüange & sans bruict:
Maintenant vn renom par la France te suit,
Egallant en grandeur la Roialle Hippolite.

Liberal i'enuoiay les Muses à ta suitte:
Ie fis loing de ton chef esuanoüir la nuict,
Ie fis flamber ton nom comme vn Astre qui luit:
I'ay dans l'azur du Ciel ta loüange descrite.

Ie n'en suis pas marry, toutefois ie me deux,
Que tu ne m'ayme pas, qu'ingrate tu ne veux
Me payer que de ris, de lettres & d'œillades.

Mon labeur ne se paye en semblables façons,
Les autres pour parrade ont cincq ou six chansons
Au front de quelque liure, & toy des Iliades.

V. SONNET.

L'Enfant contre lequel ny escu ny salade
Ne pourroint resister d'vn traictz plein de rigueur:
M'auoit de telle sorte vlceré tout le cœur,
Et bruslé tout le sang que i'en deuiens malade.

I'auois dedans le lict vn teint iaunement fade
Quand celle qui pouuoit me remettre en vigueur,
Ayant quelque pitié de ma triste langueur
Me vint voir caressant mon mal de son œillade.

Encores auiourd'huy les miracles se font,
Les sainctes & les saincts les mesmes forces ont
Qu'aux bons siecles passez, car si tost que ma saincte

Renuersa sa vertu de ses rayons luisans
Sur moy qui languissois, ma fiebure fut esteinte,
Vn mortel Medecin ne l'eust fait en deux ans.

VI. SONNET.

IE trespassois d'amour aßis aupres de toy
Cherchant tous les moyens de voir ma flãme esteinte,

Accorde ce disois-ie à la fin ma complainte
Si tu as quelque soin de mon mal & de moy.

Ce n'est ce me dis-tu le remords de la loy
Qui me fait t'esconduire, ou la honte, ou la crainte:
Ny la frayeur des Dieux ou telle autre contrainte,
C'est qu'en tes passetemps plaisir ie ne reçoy.

D'vne extreme froideur tout mon corps se compose,
Ie n'ayme point Venus, i'abhorre telle chose:
Et les presens d'amour me son vne poison.

Puis ie ne le veux pas, ô subtile defaicte,
Ainsi parlent les Roys deffaillant de raison:
Il me plaist, ie le veux, ma volonté soit faicte.

VII. SONNET.

Mon page Dieu te gard, que fait nostre maistresse,
Tu m'aportes tousiours ou mon mal ou mon bien:
Quand ie te voy ie tremble, & ie ne suis plus mien,
Tantost chaud d'vn espoir, tantost froid de tristesse.

Sa baille moy la lettre & pourtant ne me laisse,
Contemple bien mon frond par qui tu pourras bien
Cognoistre en la fronsant ou de-fronsant combien
Sa lettre me contente, ou donne de tristesse.

Mon page que ne ſuis-ie außi riche qu'vn Roy:
Ie ferois de porphire vn beau temple pour toy.
Tu ſerois tout ſemblable à ce Dieu des voyages.

Ie peindrois vne table où l'on verroit pourtraictz:
Nos ſermentz, nos accords, nos guerres & nos paix,
Nos lettres, nos deuis, tes tours & tes meſſages.

VIII. SONNET.

IE n'ayme point les Iuifs, ils ont mis en la croix:
Le Chriſt, ce Meßie qui nos pechez efface.
Des Prophetes occis enſanglanté la place:
Murmuré contre Dieu qui leur donne les loix.

Filz de Veſpaſien, grand Tite tu deuois
Deſtruiſant leur Cité en deſtruire la race:
Sans leur donner du temps, ni moment ni eſpace,
De chercher autre part autres diuers endroits.

Iamais Leon Hebreu des Iuifs n'euſt pris naiſſance,
Leon Hebreu qui donne aux Dames cognoiſſance
D'vn amour fabuleux la meſme fiction.

Faux trõpeur menſonger plein de fraude & d'aſtuce
Ie croy que luy coupant la peau de ſon prepuce,
On luy coupa le cœur & toute affection.

QVATRIN
En l'honneur de Ronſard.

VNe Helaine fut chantee
Par Homere le Gregeois,
Vne autre Helaine eſt vantee
Par l'Homere des François.

Les Viſions d'Ariſtarque,
SATYRE.

IE paſſois curieux en cette Iſle admirable
Qu'vn François depuis peu trouua vers le Poñant:
Où vn Magicien ſçauamment eſtimable
Me fit voir les obiets que ie vais deſcriuant.

Toy donc l'eſprit ſubtil veux voir de cette terre
Les variables mœurs, me dit ce bon vieillard:
Regarde pelerin dans ce magicque verre,
Et admire eſtonné le pouuoir de mon art:

Dans ce criſtal poly d'vne admirable ſuitte
Le preſent, le paſſé, l'aduenir tu verras,
Et pourras dire au vray de ceſte Iſle mauditte
Ce que les habitans ne ſçauent meſme pas.

Mais pourtant ce ſera ſoubz figures eſtranges
Que tu cognoiſtras le ſoing de tes Amis:
Ainſi parlant à toy le langage des Anges,
De parler clairement il ne m'eſt pas permis.

Ie vis vn grand chaſteau baſti dedans la nuë,
Où auec l'art d'Alciue on prenoit les Amans
Par vne vieille fée qui ridee & chenuë,
Auoit d'vne Cipris les riches veſtemens.

Ie vis ſur vn beau mont vne petite haye
En laquelle s'eſtoit vn vieil bouc enroué:
Mais il s'en arracha ſans reſentir ſa playe,
Et vn vieil ſinge de ioye en deuint inſenſé.

Deſſus vn arbre ſec ie vis vne cigalle
Qui chantoit ſon amour aux rayons du Soleil:
Et peu de temps apres la vis tremblante & paſle
L'eſtoufer en chantant, & la mettre au cercueil.

Ie vis vne Amazone außi belle que fierre,
Foulant d'vn pied vainqueur & l'amour & le ſort,
Ie la vis triompher & marcher la premiere
De ceux qui baſtiſſoient leurs triomphes de ſa mort.

Ie vis vne beauté ardamment allumee
Des feux de Cupidon mourir en languiſſant:

Et luy vis presenter vne andoüille fumee
Pour prendre son repas fort maigre & peu friant.

Ie vis l'Hermaphrodite auec sa voix de femme,
Qui faisoit le Roger entre les Rodomons :
Mais il ne trempoit point sa florentine lame
Qu'à ces lasches de cœurs qui tournent les talons.

Ie vis vn charlatan ioüeur de passe-passe
Pour se faire admirer, faire de l'eloquant:
Ceux-là qui n'entendoient le secret de la farce,
Le loüoient de ioüer le Docteur ignorant.

Sur la Seine tortuë ie vis vestu de rouge
Vn Prince morfondu attendant vn basteau:
Qui pour se rechauffer dans le sein d'une gouge
S'en retourna heureux & monté de noueau.

Ie vis d'autre costé vn grand singe ou Piguée
Ie ne puis discerner lequel c'estoit des deux :
Sa langue n'estoit point de voix d'hors animée,
Mais il auoit l'habit & le rire comme eux.

Ie vis vn Courtisan à visage d'Hermite
Applaudir vn chacun des yeux & de la voix:
Et quelqu'vn qu'il disoit, fuyez cest hypocrite,
Rien n'est de si cruel aux antres ny aux bois.

Ie vis vn homme affreux à barbe d'esponcette
Parler pour mocquer tout & faire l'insolent:
Au milieu d'vn Palais commander à baguette,
Qui vray Cameleon se repaissoit du vent.

Ie vis vn autre Heros qui sans fin sacrifie
Aux grands Dieux sousterrains pour ne permettre pas,
Que Cil qu'il craignoit plus que la mort en sa vie,
Pour l'appeller encor ne reuienne de là bas.

Ie vis quelqu'vn apres habillé à l'antique
Qui auoit d'Acteon & la teste & les mœurs,
Suiure de tous ses efforts le zele Catholique:
Qui le fit enroller au nombre des seigneurs.

Vn theatre ie vis propre à ioüer des farces,
Sur lequel paroissoit vn homme de façon
Entre vne Macquerelle & deux fort ieunes garces
Qui comme à vn enfant luy montroient sa leçon.

Ie vis vn homme assis dessus vne boutique
Qui tenoit en ses mains le verre & le iambon:
Prescher aux assistans de sa valeur antique,
Et en prendre à tesmoins vn homme de renom.

Ie vis vn qui chifftoit non pour prendre linottes,
Mais bien pour attraper les Courtisans moins fins.

Ces pages moins rusez & les femmes plus sottes
Grauant par sa lenteur les hommes & les destins.

Ie vis vn Mareschal qui à ferrer des asnes
S'estoit rendu seigneur sans cœur ny sans esprit:
I'entendis vne voix disant, siecles prophanes,
C'est aux ambitieux que la fortune vit.

Ie vis ce me sembloit des poulles idolastres
Adorer trois veaux d'or tondus tous fraichement,
Et des Dames muées en images de plastes
De peur d'vn vieil faucheur qui les va poursuiuant.

I'apperceus Pholliphene aupres de Gallatée
Gaigner non par beaux chants, mais par or sa beauté:
Et l'ame de celuy qui son ame a charmée,
Seulle n'apperceuant estre desloyauté.

Ie la vis embarquer dans la mer de Ciprine
Pholliphene voguoit, Vulcan estoit patron,
Mais redoutant ses flots ceste beauté diuine
A terme reclamoit chaque coup d'auiron.

Ie vis le premier né de Mars & de Cithere
Salüer vn chacun pour estre librement:
Mais beaucoup sçauoient bien qu'il estoit ordinaire
De promettre beaucoup & tenir rarement.

Ie vis vn homme aßis sur la rouë de fortune
Orgueilleux mespriser les hommes & les Dieux:
Et dedans le milieu d'vne haine commune
Estre honoré de tous comme venu des Cieux.

De panique terreur mon ame fut saisie
Voyant vn franne auoir de Neptun le tridant,
Que les flots disoient ils ne sont de maluoysie,
Ie ne redouterois ce liquide Element.

I'apperceus vn vieil duc que la troupe volante
Baffoüet pour auoir son plumage emprunté
L'Aigle de Iupiter comme la plus puißante
A sa meilleure plume a des long temps butté.

Ie vis ce me sembloit vn more de Grenade
Affreux, hideux & fiere, ignare & medisant:
Et iugé à le voir bien que plain de brauade
Qu'il n'estoit bon amy, vertueux ny vaillant.

Ie vis deux marmousets dedans vne nauire
Cinglez auec regrets aux meres de l'Occident:
Et vis contre Pepin de ce fameux Empire
Maudire leurs desseins, & les ondes & le vent.

Vn Ciclope ie vis que le Dieu de silence
Representoit au vif en grandeur colloqué

Mais ie sceu que c'estoit celuy de l'ignorance
Qui parloit rarement de peur d'estre mocqué.

Ie vis un Mulet gris à selle fort farouche
Qui ne vouloit non plus se vouloir desseller:
Mais vn ieune homme y vint qui prenant vne fourche
Mis paix entre les asnes & les for accoller.

Ie vis vn gros courral qui seelloit la matrice
De deux ieunes Iumeaux à fin de l'eschauffer:
Mais ils ne pouuoient faire à Venus sacrifice,
Car son nerf mal tendu desbandoit sans sonner.

Ie vis vn cuisinier chery des destinées
Quitter son art pour estre vn marchand de poulets:
Il profita si bien qu'en moins de six années
Il fut comblé d'argent, d'honneur & de valets.

Aupres d'vne Iument i'aduisay vne troupe
De soniers inexperts elle embloit franchement:
Vn des plus aduisez en demanda la croupe:
Mais son picqueur disoit, elle ruë souuent.

I'apperceus deux faucons voller dedans la nuë
Apres vn grand Heron demy plumé de coups,
Et en vis vn hagard seul voller sur la gruë:
Mais vollant pres de terre fut prise par des loups.

Dans le mesme miroir de ce grand Attallante
Où l'on voit de la Cour les diuers changemens,
I'apperceus des Gascons vne trouppe vollante
Qui vouloient par discours guerir du mal de dents.

Ie vis vn Magistrat donc le chef venerable
Par la gresle estoit tout descouuert de cheueux,
Et sa femme frapper de tempeste semblable
Ceux qui vouloient entrer en son port amoureux.

Ie vis vn grand troupeau des execrables Harpies
Pleins de desespoir leuer au Ciel les yeux:
Mais les prieres estant par trop mal assorties
En vain ils reclamoient les hommes & les dieux.

Ie vis parmy la nuë vne pleine espesse
D'vne herbe qui couuroit les fretilliers terrains,
Et ce leugume la s'appelloit de la veße,
Propre tant seullement à guerir des poullains.

I'apperceus effrayé la grandeur d'vn visage
Qui ressembloit vn cul, mais des plus rebondis:
Et vn Clerc à genoux deuant ce bel Image
Faire de la laideur, l'amoureux Paradis.

Ie vis vn homme nud estendu sur la place
Tout soüillé de son sang, & me souuint alors

ue qui tire vn canon si fort à la cullasse
l faut auoir les bras & les membres bien forts.

Ie vis vn Hanneton qui auoit forme humaine
e plaire dans la fiente & n'en vouloir bouger :
Dessus vn macquereau ie vis vne sereine
hercher des ondes d'or affin de si plonger.

Ie vis ce me sembloit vn vieil porc d'Epicure
Habillé en Prelat prescher les ignorans :
aporter à son sens le sens de l'Escriture,
t blasmer sans respect les peres plus sçauans.

Ie vis non loin de la vn plus propre à la Dame
A la Cour, à l'amour, qu'au seruice de Dieu:
ui sçait depuis vingt ans à la belle science,
ier a commancé sur la Croix de pardieu.

Ie vis vn par des bois plains d'asnes d'Arcadie
ui se faisoient la guerre en recherchant la paix,
t le monde ennuyé d'oüir telle melodie,
es veulent descharger de partie de leurs faix.

Ie vis vn gros renard qu'vn roytelot caresse
t le regnard plus fin feindre de l'estiuer,
Affin qu'en moindre bruict & auec plus d'addresse
ans offencer auant il le puisse plumer.

Ie vis tout effrayé de foudres de la guerre
Sur le pont nostre Dame vn qui faisoit le mort:
Et vn nombre d'esprits retournez sur la terre,
Qui l'auoient garanti de ceste horible effort.

Ie vis vn grand troupeau & d'hōmes & de femm
Au milieu d'vn forneau comme en peine les damnez
Qui purgeoient icy bas leurs pechez par les flammes
Et n'estoient point encor au tombeau enfermez.

Ie vis milles amis & milles cognoißances
Donc les vns suiuoient Mars & les autres Felis,
Et entree ie vis deux femmes de finances
S'eschauffer au milieu de leurs meilleurs amis.

Ie vis forces courriers qui passoient les montaignes
Chargez de vestemens riches & precieux,
En perles & en or transumer les campagnes
Et de simples mortels faire les demy dieux.

Ie vis ce me semble le Royaume de France
Produire en vn moment milles & milles Seigneurs:
Et peu de temps apres vis grande despance,
Ie les vis tous geusser & demeurer voleurs.

EPIGRAMME. par le sieur Motin.

Dem. *Pourquoy ne me veux tu dõner sans ialousie*
De ta fẽme vn portraict pour soulager mon
Resp. *De peur qu'ayant receu de moy cette copie (mal.*
Tu ne voulusse apres auoir l'original.

AVTRE.

Pour moy le meilleur que ie voye
C'est que vostre amoureux transy
Va par la ruë de la monnoye
Dedans la ruë de Bethisi.

Les visions de la Cour en suitte de ceux d'Aristarque.

SATYRE.

La peur de l'aduenir donc le soucy me picque
Me fait chanter vn homme aux charmes addonné:
Qui dedans le cristal d'vn grand miroir Magicque
Me feit voir les obiects donc ie fus estonné.

I'aperceus arriuer dedans vne litierre
Vne ieune beauté donc vn grand faisoit cas:
C'estoit vne déesse en beauté la premiere
Qui pensoit estre grosse & si ne l'estoit pas.

Ie vis vn Saparon à la moustache rude
Monter vn dromadaire & le mener en rond:
Ie vis vn homme armé couché dans vne estude
Portant comme Diane vn croissant sur le frond.

Ie vis vne Driade aussi digne que belle
Dont le visage estoit de larmes tout baigné:
Et ses l'armes parloint d'vne façon nouuelle,
Nommant piteusement son amant esloigné.

Ie vis sainct Honoré du haut du Ciel dessandre
Maudire ses voisins & son propre seiour:
Si par edits publics on ne vouloit deffandre
Que dedans son Eglise on ne fit plus l'amour.

Ie vis milles amoureux dans les champs Elisées
Des taupes, des serpans se promener au soir:
Des veaux chercher l'escho de leurs voix déguisées
Porter des habits d'hommes & sur l'herbe s'assoir.

Ie vis vn grand marets où dans son onde claire
Chacun tendre sa ligne à pescher du poisson:

Mais

Mais chacun se trompoit, & n'y pouuoit rien faire,
Pour n'auoir mis de l'or au bout de l'hameçon.

Au milieu des ardans qui luisoient par la ruë
I'aperceus vn berger par son desir conduit,
Qui malgré les regards de la troupe accouruë,
Recherchoit son Aurore au milieu de la nuict.

Ie vis vne iument morueuse & forte en bouche
Aupres d'vn escuier qui la vouloit monter:
Comme vn ieune poulain faire de la farouche,
Et d'vn fascheux discours ne se vouloir dompter.

Ie vis milles valetz au Iuge s'aller plaindre
D'vn homme qui par tout de la chair marchandoit,
Et par ces vieux abus que l'on debuoit retraindre
Ce qui valloit cincq sous, dix escus se vendoit.

Deux chasseurs poursuiuans deux biches à la queste,
Ie vis vn qui blessa la sienne à coups de traitz:
L'autre suiuant la sienne eut du poil de la beste,
Si l'vn est bon archer, l'autre n'est pas mauuais.

Ie vis la [illegible]tropie ardamment embrasee
Sans l'oser faire voir d'vn amour non-pareil,
Porter la teste basse à faute de rosee:
Mourant de ne mourir aux rais de son Soleil.

Ie vis auec l'orme de la verdure fresche
Lier sa ieune vigne & prendre son apuy:
De l'homme ridé la racine estoit seiche,
Donc la vigne eut frayeur & s'esloigna de luy.

De baume d'Orient ie vis vne fiolle
Que l'on vouloit cacher de peur qu'elle fit vent:
Mais le vent y passa d'vne belle parolle,
Qui de cette liqueur se parfuma souuent.

Ie vis vn grand Heron sur la riue deserte
Surprendre vne quenoüille & l'aller deuorant:
Mais depuis qu'elle eust eu les cuisses entr'ouuerte
Il laissa ce tant peu à tous le demeurant.

I'apperceus l'Affriquain que Cartage contemple
Comme vn Mars valeureux ennemy de la paix,
Ayant perdu son cœur à la voute d'vn temple
L'en oster pour le mettre en vn lieu plus espoix.

Ie vis vn Corbeau d'Inde auec vne araignée
Parler en voix humaine & rire à vn iardin:
Ie vis vne guenon petite & mal peignée
Monter dessus vn Ours qui faisoit le badin.

I'apperceus atteler quatre ieunes caualles
A vn grand chariot nommé Necessité

Mais elles demeuroient dans les bourbes plus sales
A faute d'vn chartier, d'vn foüet d'or redouté.

Ie vis vn champ de pois humecte d'apostumes
Que iamais le soleil n'eschauffoit de ses rays:
Les poix n'y venoyent point, car c'estoit la coustume
Qu'on y voulut planter des febures de marets.

Ie vis vn corps percé sembler vn trou-Madame
Seruant de passe-temps aux amans sans soucy,
Qui ioüent iour & nuict au trou de cette femme
Mais les boulles estoient d'olliues de poissy.

SONNET.

Par le sieur Regnier.

LEs humains (Cheribon) sont ores desanimez,
Et la plus grande part du monde est heretique,
Ie nose cheuaucher vne putaine publicque
Tant ie conçois d'horreur de ces C. diffamez.

Ie nose m'attaquer à ces grands C. armez,
Qui conçoiuent tant de maux & si peu de pratique:
I'abhorre d'estre ...gre & de branler la pique
Et crains de m'engouffer dans ces C. affamez.

La mort, la pauureté, la honte & la verolle
Causant mon Cheribon le despit qui m'afolle:
Car rien n'est si contraire à l'humaine santé.

Ie veux donc me donner à quelque riche veufue,
I'auray paix à la mort & feray vne trefue
Aux barbiers, à la honte, & à la pauureté.

EPIGRAMME.

COmme la mer dessus l'arrene
Pousse & repousse son flux,
Ainsi Ianot sur Catherine
A tant poussé qu'il n'en peut plus.

AVX DAMES.

DAmes qui tombez à l'enuers,
Aussi tost que l'amour vous touche,
Ne niez n lisant ces vers
Que l'eau ne vous vienne en la bouche,
Veu qu'il n'y a baillé le goust
Qui puisse auoir vn tel ragoust.

AVTRE.

DAmes de qui la vanité
Est d'estre l'exemple des chastes,
Pour faire que l'eternité
Graue vostre gloire en ces fastes,
Et qu'aux yeux de tout l'vniuers
Vos vertus soient vne merueille,
Gardez vous de lire ces vers,
Ils ...tent les gens par l'oreille.

SATYRE.

Contre l'ambition d'vn ieune Courtisan.

INspire moy Muse bouffonne
De tracer auec mon pinceau,
La vie, les mœurs & la trogne
D'vn folastre & sot damoyseau.

C'est vn beau fils que la nature
Eust fait capable de l'amour,
Si lors qu'il nacquist Mercure
Ne luy eust fait vn esprit lour.

Mais toutefois pour aduantage
Ayant les traicts du corps fort beaux:
Cela fait paroistre en cette âge
Que les plus beaux sont les plus veaux.

Et pour en monstrer vn exemple
C'est qu'imitant les Courtisans,
Celuy qui le voit & contemple
Pour seur, le croy estre hors de sens.

Marchant à grand pas par la ruë
Comme vn hardy fils de putain,
Leue les pieds comme vne gruë
Faisant crigneter son satin.

Vestu comme vn homme fantasque
De gris ou de blanc plus souuent,
Il donne tousiours vne attaque
Aux preries des sots d'Angoulevent.

Le beau manteau sur vne espaule
Le fait par Paris brauacher,
Botté comme Amadis de Gaulle
Qui va les pauez cheuaucher.

Sa barbe de pure fillace
Et plus pasle qu'vn iaune dœuf,

L'effroy l'espouuente & menace
Les estroits du bord du pont neuf.

Sa teste faicte en pot à beure
N'est pleine de rien que de vent :
Et son œil sent tousiours de l'heure
Au Gredien qui le va suiuant.

Son nez sent l'escornifierie,
Sa bouche l'Epicurien:
Ses deux oreilles l'asnerie
Et sa façon en vray vaurien.

En fin tout son geste & sa mine,
Sa pasle & limide couleur,
Ce front ressemble Iean Farine
Quand il badine, ou bien la fleur.

Son discours rempli de foucades
Est vn coq à l'asne si plat
Qu'en ses amoureuses boutades
L'on iuge mesme estre vn grand fat.

Et tout ce qu'il a qui contente
Les Courtisans de Cipris,
C'est que son cat-ze à tous il vante
Estre des plus beaux de Paris.

Discours qui iusqu'au cul chatoüille
Toutes les garces du bordeau :
Qui l'aiment plustot pour sa coüille
Que pour luy voir vn beau museau.

Là le plus souuent il preside,
C'est dans les bordeaux que i'entends :
Où il sert à beaucoup de guide
Affin qu'ils y passent leurs temps.

Là le chappeau sur vne oreille
Et le pourpoint deboutonné,
Iure que s'il ne fait merueille
Qu'il veut estre à l'heure damné.

Mais si l'on luy parle de mettre
Quelque pistolet en la main :
Au diable si vous ne verrez estre
Rien de si sot que mon villain.

Il a prou de caquet & de baue
S'il ne faut venir à l'effect,
Sinon il contrefaict le graue
Comme vn gros cul sur vn retraict.

Mais mettons nous sur sa noblesse
Qu'il dit faisant du fiolant,

Venir d'vn Amadis de Grece,
Non de Roger ny de Rolant.

Vrayement oüy ie le confesse
Qu'il a quelque peu de raison:
Car il peut tirer de la gresse
L'extraction de sa maison.

Encore si cette insolence
De son orgueil cessoit le cours,
On croiroit son insuffisance
Estre cause de ce discours.

Mais faire mille autres sottises
Blasmer des Dames l'honneur:
C'est où il met ses mignardises
Et la où gist tout son bon heur.

Dire qu'il a la courtoisie,
Des plus que parfaittes beautez,
Et qu'il les met en fantaisie
Ce sont la de ces vanitez.

Allés dedans les thuilleries
Paranympher ses amours:
Ce sont de ses effronteries
Qu'il fait paroistre tous les iours.

Auoir la manche retrousſee
Et au bras vn faux bracelet:
Ruminer dedans ſa penſee
Le moyen d'auoir vn poullet.

C'eſt à quoy l'on voit deſtinees
Les meilleures heures de ſon temps,
Croyant bien paſſer les iournees
Quand il les paſſe en muguettant.

Mais encore ſi par enuie
Il ne blaſmoit la chaſteté,
L'honneur, le renom, & la vie
D'vne ſinguliere beauté.

Ce ſeroit choſe inſupportable,
Mais quoy plus outre paſſer:
Et voulant ſe rendre agreable
Vn cœur innocent offencer.

Ma foy c'eſt par trop de folie,
Qu'il merite pour chaſtiment,
Que l'on le foüette & qu'on le lie,
Comme vn priué d'entendement.

Puis en le trainant ſur le change
Et ſur les degrez du Palais,

Qu'vn troupeau de laquais s'y range
Pour la luy donner de relais.

Apres cela que l'on le laisse
Et luy donnant vn pied au cu,
Et que tous les cochers en presse
Le sifflent là comme vn cocu.

Voila pour moy ce que i'ordonne
Sans toucher son procés au fond:
C'est le salaire que ie donne
A celuy qui fait le bouffon.

Qui tranche par tout du brauache,
Et rend les nyais estonnez:
Mais qu'il pleure comme vne vache
Lors que l'on luy couure le nez.

Et si apres cette iustice
Il retourne encore vne fois
En son orgueilleuse malice,
Il aura la fleur de nos voix.

Toy donc, ô esprit volage,
Ne me regarde de trauers:
Où tu verras à ton dommage
Quel est le pouuoir de mes Vers.

Apprends seulement à conduire
Plus sagement tes passions:
Et desormais à ne plus nuire
A aucun par tes actions.

Ou bien sinon pour te respondre
Auec plus d'animosité:
Ie porte dequoy te confondre,
Tousiours l'espee à mon costé.

SONNETS DIVERS.

Dediées aux ieunes Courtisans.

I. SONNET.

IL faut sentir sa Cour & tant qu'il se peut faire,
De façon du commun en tout se retirer:
Faire dire de soy & en soy admirer
Ie ne sçay quoy de grand esloigné du vulgaire.

Il faut auoir le port & la grasse contraire,
Faire autrement l'amour, autrement desirer:
Danser tout autrement, autrement se parer,
Et euiter sur tout le langage ordinaire.

Qui voudra donc porter sa Cour sur le front,

Au lieu d'vser de honte il faut vser d'affront,
Et des termes nouueaux qu'apprend ce beau College.

Ainsi en corrigeant la lourde antiquité
Au lieu de ce beau mot, de Mesnage vsité:
Faut l'oublier du tout, & vser de Manege.

II. SONNET.

Pour voir au naturel la sotte contenance
D'vn tas de Courtisans qui naissent tous les iours:
Vous les voyez icy en ces braues discours,
Si bien qu'il ne leur faut que leur seulle presence.

Car de voir leurs façons, leurs traicts & suffizance,
L'entrée & le progrés de leurs chaudes Amours:
Leurs superfluitez auec leurs atours,
Ils sont despains au vif en saine conscience.

De crayons tous diuers comme est leur naturel,
Ie les ay façonnez, & d'vn courage tel
Qui ne s'effacera quoy que cela leur fache.

Peut-estre que quelqu'vn en fera son profit,
Recognoissant en luy ce qu'il verra escrit:
Et craindront à la fin que chacun ne le sçache.

III. SONNET.

L'Vn luy baise les mains, l'autre pert contenance,
Et ne sçait quel propos il luy doit commander :
L'vn prend son esuentail, puis se met à penser,
L'autre du fond du cœur milles souspirs eslance.

L'vn se frize le poil, & en chantant il dance,
L'autre prend son chapeau afin de l'enfoncer :
L'vn trousse son manteau, ou se met à tousser,
Et l'autre pense auoir beaucoup de suffisance.

Cinq ou six qu'ils seront vous les verrez tousiours
Parler de leurs faueurs ou discourir d'Amour :
L'vn dit, elle a l'œil beau, l'autre, elle est bien aprise.

De tous ces Amoureux ce qui plus nous desplaist :
C'est qu'apres auoir veu tout cela qu'ils ont faict,
Vous n'en raporterez rien qu'vne vaine sottise.

IV. SONNET.

ENtrant dans le Chasteau il faut auoir la cappe
Pendante d'vn costé la baguette en la main :
Branler en cheminant, faire bien de l'humain,
Gardant qu'vn seul bon iour pour rien ne leur eschappe.

Puis s'estant arrestez il faut soudain qu'on frappe
Le pied, pour le montrer, auoir vn baise-main
En bouche à tous propos, & passer son chemin:
Ayans mis sur les rangs l'Empereur & le Pape.

Si l'on est à l'Eglise adorer tout debout,
Les Dames œillader de l'vn à l'autre bout
Du sainct lieu où l'on est prians sans reuerence.

Au sortir s'en aller espier son disner
Auecque quelque sot qui se laisse affiner,
Et d'argent & d'habitz, & de l'autre despence.

V. SONNET.

AV sortir du disner il faut faire la Court
A la Dame qu'on sert, soit elle laide ou belle:
Il faut baiser son bras qu'elle ne veut cruelle
Laisser tant profaner sçachant le bruit qui court.

Si l'on ne sçait que dire il faut faire le sourt,
Se moucher ou cracher, ou souspirer pour elle:
Leuant les yeux au Ciel, dire pourquoy fidelle,
Ne cognoist-on mon cœur, puis se taire tout court.

Il faut payer son bras d'vn marchon que par force
Bien souuent l'on a eu de celle qui s'efforce:
D'autre part attirer mille tels Amoureux.

Puis partir tout soudain faire vne autre conqueste,
Car il faut viure en faim, voila quasi la feste
Qu'exercent tous les iours les Courtisans heureux.

EQVIVOQVE

A la belle Catin.

Par vne faueur violette
Pensant ioüir d'vne fillette
Et à son amour attenter:
Mais aussitost ceste pucelle,
Riant, ce VIT ollet, dit-elle,
Iamais ne la peux contenter.

Contre vne vieille Veufue

SATYRE.

C'est chose permise de rire,
Mais ce seul mal de mesdire
Des Dames, comme vn braue cœur
Craint tousiours de blesser l'honneur:
Il faut nonobstant ceste treufue,
Que ie discours d'vn Veufue
Qui m'a trompé vilainement,

I'en

I'en fais volontiers le serment.
Car passant masquee & vestuë
Ie desiray la tenir nuë,
Ie luy donnois moins de vingt ans.
Les Dains, les Biches, & les Pâons
Ny le grand Turc à la Mosquee
Ne vont point la teste leuee
Comme marchoit par la Cité
Cest image de vanité.
Ceste Damoiselle de taille
D'vn Genet choisi pour bataille
Haute & droitte comme vn sapin,
Le bas tiré comme vn lapin,
La contenance fort mignonne :
Non certes qu'on me le pardonne
Ie me trouuois prest de pecher,
Sur la place sans demarcher.
L'appetit me prenoit de mordre
Mais il suruint vn grand desordre.
C'est que son masque vint à choir.
Ha! que i'eus honte de la voir.
Sa perruque des mieux dressees
Et des plus hautes esleuees
Resembloit vn bonnet Ducal,
Ou bien vn mitre Episcopal :
Mais soubs ses cheueux sans racine
Escoutez vn peu quelle mine

Vn front iaune & gras comme lard,
On ne peut plus tenir le fard:
Les peaux du visage ridees
Comme vn chaßis de dix annees.
Vn petit nez boüilly qui sent
La seringue du lauement,
Les soucis de souris bruslee,
Les peaux d'vne chatte pellee.
Lampes dont l'huille qui s'espand
Rend le dégoust son teint luisant,
Teint qui malgré le blanc d'Espagne
Resemble aux cuirs des gans d'Orcaigne:
L'oreille plaine de bourbier
Comme la boëtte d'vn Barbier,
La bouche dont sort vne haleine
Du Ruth, des Cerfs aux bois d'Ardaine,
Les dents en fourches de fumier
D'vn roux yuoire de damier,
Les leures cuittes & arides
Comme vn cul pris d'Hemoroides,
Vne voix de petit cabril
Qui quitta sa mere en Apuril,
Vn menton de rois d'harbaleste,
Le col comme écorce de hacete,
Le sein d'omelettes aux œufs:
Les tetons comme de vieux éteufs
Percee d'où la bourne est sortie,

La gorge de natte roussie,
Gorge de grillade sans pair:
Tout os, aussi peu rien de chair,
Ie ne vis pas desoubs la soye
Iambes, bras, & la petite oye:
Mais les yeux de l'entendement
Y penetrent secrettement,
I'endure songeant mille peines
Pour nerfs, pour muscles & pour vaines
Ce ne sont rien que vieux cabats:
Cailloux, racines, eschallats:
Et pour charuures potelées
Des vieilles chartres suranées,
Parchemins rosti sur le gril
Qui luy descendent au penil
Et serrent les voutes du ventre:
C'est icy le point & le centre
On peut s'imaginer comment
Est ce trou pres du fondement:
Ha! quelle effroyable cauerne,
C'est comme vne vieille lucarne
Par où toutes nuicts les esprits
Viennent carrasser les souris.
Vn noir tuyau de cheminee,
Clappier de garanne laissee
Pour les putos & les oyseaux
Vne retraitte de blereaux:

Fourneaux ruine de vieille forge
Y pensant, qui ne rendroit gorge,
Iamais ne fut tant infaict
Comme est certain ce retraict,
Sans doute cette cressonniere
Ce vieux canal, ceste goutiere
Iettes des odeurs d'vn parfum,
Qui rendroit mort vn homme à ieun,
Distilles tout le long des cuisses
Des monstrueuses immondices
De toutes sortes de couleurs
Couures des caues des tanneurs.
Ie gage que ceste emboucheure
Pousse six doigts hors sa doubleure,
Crache le salpestre & l'alun.
La colle forte & le petun,
Le poil sans façon de moustache
Est confit de ceste brauache,
Poil qui est planté loing à loing,
Vn bouffe au bas, l'autre au coing.
C'est vne Biche deserte
Et quand la creuasse est ouuerte,
Les vents, les eaux de ces quartiers
Noyent les puces à milliers
D'autre part pour la seicheresse
Les poux se tirent de la pesse.
Mesme le petit morpion,

S'enfuit pour la contagion.
Puis la calandre & la punaise
N'y sçauroient plus estre à leurs ayse,
Car bref pour conclurre en deux mots,
Ce n'est plus qu'vn creux pour les vots
Vn marescage pour grenoüilles
Plustost que pour les pauures coüilles.
Voila par vn suiect exquis
Ore ie veux sçauoir son logis,
Et pour acheuer ma boutade
Luy donner ceste douce aubade.
Pour superius vn mullot,
Pour la basse vn gros escargot,
Vn cochon de laict pour sa taille,
Pour les instrumens ne luy chaille
Car elle aura des matasins
De chauderons & de baßins.
Elle sera dure & cruelle
Si ma paix n'est faite auec elle.

Combat d'vn Courtisan & d'vn Poëte.

SATYRE.

VN Courtisan audacieux
Qui despitoit mesme les Cieux,
Auec les cros de sa moustache

Qu'il mettoit tousiours de trauers
Appris qu'on auoit fait des Vers,
Qui blâmoient son double panache.
Il iure à l'heure par la mort
Qu'il auroit raison de ce tort,
Et mettroit en capilotade
Celuy qui tellement osé
Auoit bien seulement osé
De luy iouer telle brauade.
Il iettoit le feu par les yeux,
Et comme vn homme furieux
Qui d'horreur a l'ame occupee,
Et croy que s'attaquer à moy,
A moy, qui fais à tous la loy
Par le trenchant de mon espec.
Mais en vain estoient des discours,
Car en se promenant peu de iours
Apres ceste belle boutade,
Ie fis rencontre de celuy
Qui auoit escrit contre luy
Les Vers auteurs de sa foucade
Il vient à moy comme enragé
Et comme vn qui est outragé
Luy vint iurer que par la teste,
Si selon qu'on luy auoit dit,
Il auoit de son nom médit
Qu'il estoit sot & vne beste.

L'autre qui se veut ressentir
Plante aussi tost vn dementir
Au nez de grand personnage
Et ioüant puis apres du poing
Il donne vn coup sur le groüin
De c'est effronté qui l'outrage.

De ce coup il faut chanceller
Le courtisan qu'on voit aller
Se mesurer en plaine terre
Son chappeau mettre de Castor
Et son manteau de clainquant d'or
Tombans se sentent de la guerre.

Alors le Courtisan fangueux
Tout en collere & tout fougueux
Des pieds commence à se desbatre
Puis escumant comme vn verat
Il se mit sur son apparrat
Et mangeroit autant que quatre.

Car (disoit-il) que cest affront
Me demeure ainsi sur le front
Non non il faut tout à cest heure
Fouller donc au pieds ce coquin
Qui m'a traité comme vn faquin
Par la mort il faut donc qu'il meure.

Mais nonobstant tous ces propos
Le poete qui estoit dispos
Plus que n'est vn basque qui saute

Tient le Courtisan au collet,
Et luy redoublant vn soufflet,
Prend son espee & la luy oste.
Il la iette sur le paué
Puis au Courtisan releué,
Il va donner nouuelle charge
Et d'vn coup de pied dans le flanc
Qui luy fait verser vn éstang
De sang qui découle au large.
Voyant cela pour son salut,
Le Courtisan se resolut
De se fier à ses semelles.
Ce qui fit que fendant largot
Et sautant ainsi qu'vn Magot
Chacun pensoit qu'il eut des ailles.
Et sur cela tous les courtaux
Qui trauailloient à leurs estaux
Croyoient luy voyant faire gille
Que pour lors que les Courtisans
Se vantoient d'estre suffisans,
Ce n'estoient des mots d'Euangille.
Or le Poëte d'autre costé
De plaisir tout transporté
D'auoir obtenu la victoire,
Promit à tous les crocheteurs
Qui auoient esté spectateurs
De son combat, dix sols pour boire.

Et pour mieux l'immortalizer
Il s'en alla poëtizer,
Pour rendre sa gloire certaine
De bon combat plain de hazard
Et telle que iamais Iacquemard
N'en vit vn si grand sur la Seine.

SONNET.

SVbtils esprits de l'air, demons ingenieux,
Qui errez vagabons sans forme ne demie:
Tout ainsi ressemblez à ma douce ennemie
Pour me faire iouïr du bien que i'ayme mieux.

Resemblez moy de corps & de faicts & des yeux
Et vous coulez la nuict dans le lict de mamie:
Alors que la verrez doucement endormie
Faites luy moy sentir le ieu delicieux.

Redoublez luy six fois d'vne si bonne grace
Tant qu'il luy soit aduis qu'elle mesme le face,
Et luy continuez toutes les nuicts le nombre.

Le iour il luy viendra ce peut estre vn desir
De prendre auec moy cest amoureux plaisir
Qu'elle a pensé la nuict receuoir de mon ombre.

EPIGRAMME.

D'vne Dame qui auoit vn V. à la ioue.

C'Est vn caprice de nature
De vous auoir mis la figure
D'vn V. à costé du menton:
Si i'eusse esté (belle) à la place
Sans vous incommoder la face
Ie vous l'eusse mis dans le C.

D'vne ieune Dame.

STANCES.

LA belle s'egayoit toute nuë en sa couche
Pour tromper ses ennuis sur le plus chaud du iour,
Et des yeux & du cœur, du sein & de la bouche
Ne respirent que feux & flameches d'amour.

Discourant en son cœur toute morne & pensiue
Se laissoit surmonter à son propre desir
Alors que de bon heur, dans sa chambre i'arriue
Où ie luy vins offrir d'assouuir son plaisir.

Car lisant en ses yeux son doux aigre martire
Et voyant sur son front la flame qui la cuit:
Ie m'eschauffe soudain du bien quelle desire,
S'entent d'vn feu pareil la flame qui me nuict.

Si bien que tous espris d'vne si chaude braise
I'esgare ma raison auec mon deuoir:
Puis conduit par mes sens mille fois ie la baise
Et pour passer plus outre i'anime mon pouuoir.

Ie leue de son lict la couuerture verte
Et les draps deliés qui couuroient son beau corps:
Si bien que ie la vis tout à nud descouuerte
Ayant d'vn gré forcé, forcé tous mes efforts.

Que i'auisay pour lors des beautez nompareilles,
Que de rauissemens en ses membres si beaux:
C'estoient l'honneur des Cieux, la gloire des merueilles
Ou bien vn grand amas de miracles nouueaux.

Rauy par le subiet d'vne si belle veuë
Dedans ce paradis enclos de quatre draps:
Ie saute à coup perdu ma raison esperduë
Et comme furieux la presse entre mes bras.

Lors il n'y a teton ny fesse rebondie,
Cuisse, ventre, nombril, ny Temple Ciprien,

Que ie ne baise ou taste & retaste ou manie
Cherchant en ses lieux la, la fin du dernier bien.

Confit en sa douceur d'un desduit tant extresme
Ie veux donner tout droict au blanc de l'amitié:
Elle qui feint n'aymer tout ce que plus elle ayme
Feint m'en vouloir oster la plus iuste moytié.

Mais las qu'eust elle fait la pauure mi-vaincuë
Ayant ses ennemis & dedans & dehors
Se voyant à l'enuers dans un lict toute nuë
N'eust elle pas perdu son temps & ses effors.

Ie fais doncques si bien que ie gaigne la place
Montant iusques au Ciel sur les ailles d'Amour:
Elle pour auoir part au bien de ceste chasse
Me dit ce sera donc à beau ieu beau retour.

TOMBEAV.

CY dessous gist la belle Nipheset
Fille d'amour & mere des andoüilles,
Qui ayme mieux le ...tre que le lait:
Et vse moins de soulliers que de coüilles.

Resuerie d'vn fiebureux

SATYRE.

CEpandant que la fiebure enclose en ma moüelle,
M'assaut de mille assauts, me suce & me bourelle
Que ie n'ay dans le lict vn moment de repos
Tant ses feux, mes tirans, sont gourmans de mes maux
Que tout le corps me suë encore qu'il surpasse
En extreme froideur la froideur de la glasse:
Ie resue, ie discours, & mon cerueau mal sain
Se paint vn escadron de chimeres en vain:
Tantost ie cuide aller le long d'vne riuiere
Et vous esclore au iour maintes fleurs Printaniere,
Icy la giroflee & le passe velours
Et là cette autre fleur qui ne vit que deux iours,
Icy le romarin & la lamante verte
Et le pauot amy de la paupierre ouuerte:
Puis resuant ie leurs dis, ô fleurettes ainsi
Comme vous ie voudrois estre franc de soucy:
Car sans souffrir du mal vous viuez ô fleurettes
Et vostre odeur s'espand au sein des pucellettes.
Vous baisotez leur chair, mais helas que sçait-on
Si vous vous desguisez en femelles ou non
Affin de mieux iouyr, ô que n'ay-ie de mesme

Le pouuoir de baiser cette beauté que i'ayme
Vous voyez tout veiller & point ne vieillissez:
Car à chaque Printemps icy vous renaißez.
Mais les voulant cueillir dans le lict ie m'alonge
Et lors ie m'apperçoy que ce n'est que mensonge:
Tantost ie cuide auoir antant d'argent & d'or
Que Crœsus en auoit, & que Midas encore,
Et qu'a vesseaux dorez on me sert à la table:
Mais sinon en resuant c'est or n'est maniable,
Car s'il faut consulter ou Penos ou Maissac
Pour payer leur aduis ie sens vuider mon sac.
Et mal recompencez pour le pris de leurs peine
Il n'ont le plus souuent qu'vne rime mal saine,
Qui sent la fiebure lente & n'a point de vigueur:
Car peu belle est la voix quand on a mal au cœur:
Ie blasme maintefois plain de Philosophie
L'argent comme ennemy du repos de ma vie:
Mais si i'estois frapé de trop d'aueuglement,
Le contraire auiourd'huy m'aparoist clairement.
On ne donne plus rien & fusse-ie vn Homere
Sans argent ie mourois abattu de misere,
Il faut donc le cherir, l'aymer & souhaiter,
Non tel comme est le mien qui ne peut contenter
Car resuant dans le lict la fiebure me la porte
Et puis tout außi tost la mesme le remporte
Puissent mes enuieux n'auoir autre bien faict,
Que le bien abusif que la fiebure me fait.

Apres il m'est aduis que parmy la campagne
Ie fait courber soubs moy vn beau Genet d'Espagne,
Qui retif me prouoque à luy percer le flanc,
Et rougir le guerot des gouttes de son sang.
C'est vrayement vn cheual de nature gentille,
Bien ouuert, bien poli, bien dressé, bien agille:
Qui iette au vent son crain, qui à le partir prompt,
Le deuant trauercé & bien large le front:
Mais ce braue cheual ne m'est qu'imaginaire,
Car quand ie suis debout ie ne luy voy rien faire:
Ie ne luy fais donner ny auoine ny foing,
Et mon valet n'en prend ny la charge, ny le soing.
Bon Dieu quel plaisir ay-ie, alors que par la plaine
Ie fais courre mes chiens suans & hors d'allaine:
Et huant & sifflant d'vn & d'autre costé,
Le lieure pelu en fin est arresté.
Ou quand par la forest vn iour entier ie chasse,
Garny d'vn bon espieu, de meutte & de fillasse,
Apres le Cerf ramé au pied prompt & leger:
Ou apres le Sanglier difficile à ranger
Ce plaisir à la fin que la fiebure me donne,
Enfanté du Cerueau, se pert & m'abandonne.
Et si ie m'aperçoy mon disner d'autre part,
Mon mal m'asseureroit qui ne viendroit qu'à tart:
Ie porte quelquefois au moins il me le semble,
Vn corcelet au dos & tout craintif ie tremble,
Craignant d'estre emporté dés le premier assaut
Car pour dire le vray ie ne suis pas si chaut

De courir aux combats ny si ardant de proye
Eusse-ie pour butin l'Espagne ou la Sauoye,
Ie fais vn bruict semblable à celuy qu'on entend
Par les rangs des soldats que l'ennemy attend:
Mon esprit transporté est tout plain de furie
Et ne fait que parler de meurtre & de turie,
Mais m'esueillant apres ie ne vois ny fossé,
Ie ne vois ny canon, ny rampart renuercé,
Ny soldat preparé à gaigner la muraille:
Ny ennemy contraint d'entrer en la bataille,
Bref mille songe vains m'apparoissent alors
Que la fiebure enragée au dedans de mon corps
Petille & boust d'ardeur & embrasse mes veines,
Me consommant au lict battu de mille peines
Et n'ay pour resconfort en si facheux seiour
Qu'entretenir la Muse & luy faire l'amour,
Pour charmer la douleur qui si fort me bourelle
Car ie n'ay point d'Amy qui me soit plus fidelle:
Mon valet faineant & plain d'oysiueté
Pour prendre son plaisir s'en va d'autre costé
Et aupres de mon lict vne heure peut estre
Tant il a peu de soing du salut de son maistre.
Ma vieille mesmement me deffaut au besoing
Alors que mon tourment merite plus de soing,
Et au lieu qu'elle deust me resioüir & dire
Quelque conte plaisant qui me peut faire rire,
Ronflant comme vne porc apres auoir bien beu
La

La maudite s'endort ſur les tiſons du feu
Où s'en va caqueter auec vne voyſine
Cependant ie fremis attendant la matine
Qui n'en haſte ſes pas & ne veut reuenir:
Pour meſſuyer le fronc & pour me ſuruenir!
O que n'ay-ie les bras & la teſte bien ſaine
Pour payer le ſeruice à ſi fauſſe villaine.

EPIGRAMME,

Demande.

LE ſperme n'eſt pas l'or potable
Qui vous nourrit au lieu de pain,
Durant que voſtre C. tient table
Voſtre ventre crie à la fain.

Reſponce.

Puiſſay-ie mourir affamée
Pour vn plaiſir qui m'eſt ſi cher,
La vie n'eſt qu'vne fumée
Le ſperme vaut mieux que la chair.

Replique.

MAis quelle rage vous transporte
Si ce plaisir vous est si doux:
Vous ne ...tez plus estant morte,
Pour ...tre au moins nourrissez vous.

EPIGRAMME.

ALlez vous faire ...tre en propre original
Ce dit dame Machette à la belle Florance:
Elle la prit au mot, faisoit elle bien ou mal,
Puis qu'elle estoit subiecte aux loix d'obeissance.

SONNET.

Contre vn Courtisan.

VN Mignon circoncis issu de la fontaine
Des marets plus fameux donc son nom est venu,
Qui d'vn prest vsurier a cru son reuenu:
Et s'est venu loger d'Auignon en Touraine.

Cest amoureux punais au nez & de l'aleine
Par ces faicts importuns nouuellement connue,
Qui n'a iamais esté que pour vn sot tenu,
Et marche par compas comme vn vieux Capitaine.

Ce gentil Margeolet pour mieux s'autoriser
Veut aymer ma maiſtreſſe & la pauure eſpouſer,
Crucifiant de peur mon ame languiſſante.

Mais ô fils de Iudas, cauſe de ma douleur,
Tu y perdras l'eſpoir d'amortir ta chaleur:
Car de tout bois punais la flame en eſt puante.

SONNET.

Contre vn Poëte.

LE nez du ſentiment eſt le ſiege & l'organe,
Les nazeaux plus fendus ſont ſigne d'vn haut nez,
Les chiens qui les ont tels, pour la chaſſe ſont nez
Et bon pour le lappin gueſter en la garane.

Si d'oreilles ils ont ſur la gueule vne pane
Il ne ſont ny pour froid ny pour chaud eſtonnez:
Les viſtes cerfs par eux ſouuent ſont mal menez.
Voſtre nez eſt d'vn chien, vos oreilles d'vn aſne.

Vos nazeaux ſont fendus de deux pieds & demy,
Bref vous auez du nez (petit rat) mon amy:
Mais ce n'eſt pour ſentir les lauriers de Parnaſſe,
De plus fortes odeurs il faut pour voſtre nez.
Voicy pourquoy vous ſont ces beaux nazeaux donnez,
Pour ſentir les bouquets qu'vn Cadoüard entaſſe.

EPIGRAMME.

Par le sieur Berthelot.

QVand à moy si l'on m'asseruit
D'auoir dequoy & ne rien faire,
Pour euiter telle misere
I'ayme mieux me coupper le V.

Pratiquant ainsi la vertu
Nous ferons responce à l'enuie,
Que nous ne serions pas en vie
Si nos peres neussent ...tu.

EPIGRAMME,

D'vn Cornard.

C'Est bien le meilleur petit hommet
Que vulcan ait en sa sequelle,
Il rit des cornes qu'on luy met
Luy mesme ie vous fait voir la belle.

Puisse sans bruict vous laisse auec elle
De peur de troubler le plaisir
Ie le hay de haine mortelle
Car il donne trop de loisir.

EPIGRAMME.

IE vis passer de ma fenestre
Les six pechez mortels viuans,
Conduits par le bastar d'vn prestre
Qui tous ensemble alloient chantant
Vn requiescant in pacé,
Pour le septiesme peché.

DISCOVRS.
Par Monsieur Rapin.

GRand Duc de qui le soing brillant
Comme vn dragon tousiours veillant,
Garde les pommes Hesperides
Contre les auares * * * *
De qui le zelle & la candeur
Ont merité ceste grandeur,
De sçauoir les secrets & d'estre
Le seul Mercure de son maistre,
A vous ie me suis addressé
Pensant estre plustost dressé
De quelque somme qui m'est duë,
Desia trop long temps atenduë,
I'ay creu comme chacun le dit
Que vous seul auez le credit,
Et qu'en matiere de finance

Tout passe par vostre ordonnance,
Ces vieux Seigneurs que i'ey connus
Au Conseil sages & chenus,
Si tost que ma requeste ils voyent
Sans mourir à vous me renuoyent,
Parauanture ie pouuoy
Auoir audiance du Roy,
Qui sçait les peines & les pertes
Que pour le seruir i'ay soufertes
Mais ie n'ose me hazarder
Seullement de le regarder
Pour luy faire aucune demande
Si vn grand ne me recommande
Puis ie sçay que sa Maiesté
En plusieurs lieux a protesté
Que de cette ennuyeuse charge
Sur vous du tout il se decharge.
C'est pourquoy vous voyez tant
Aupres de vous solicitant
Pour trouuer vne heure oportune
Et vous raconter ma fortune.
Vous m'escoutez parler assez,
Par dessus tout vous passez,
Et vous rendez inexorable
Sans rien montrer de fauorable,
Ie me flatte d'vne langueur
Qui me tient tousiours en langueur,

Esperance que ma patience
Touchera vostre conscience,
Mais en faim la necessité
Augmente ma perplexité,
Et voy bien que ie perds mes peines
Contre vos maximes certaines:
Le temps employé pour neant
M'est dommageable & malseant:
Car le mestier que ie sçay faire
Peut seruir à meilleur affaire,
Ie cherche volontiers l'honneur
De prendre au corps vn Gouuerneur
Et chastier vne Prouince
Qui fait la rebelle à son Prince.
Des meschans i'abats la fierté,
Aux bons i'apporte la seureté
Chassant ceste canaille ville
De voleurs qui troublent la ville:
Mais si on m'oste les moyens
De seruir mes concitoyens,
Seroit-ce pas folie extresme
De ne me point seruir moy-mesme
Sans plus en vain me consommer.
Ie seray contrainct m'enfermer
Dans vn Cabinet sur vn liure,
Pour le temps qu'il me reste à viure
Ie suis guary d'ambition,

Content de ma condition
Et ſuis de la douce manie
De ceux que la Muſe manie
I'ay apris des Pœtes Grecs
Et des vieux Latins les ſecrets,
Façonnant & le pode & lode
Sur la lire à l'antique mode
I'aporteray c'eſt ornement,
En France auec eſtonnement,
Pourueu qu'au dernier de mon aage
Pauureté n'entre en mon meſnage
Vous ſeul vous pouuez m'en garantir
S'il vous plaiſt me faire ſentir
De la douceur de vos receptes
Y faiſant aßigner mes debtes
Mon bien, mon temps & mon labeur
Dependent de voſtre faueur
Et ſeul auez plus de puiſſance
Que l'aſcendant de ma naiſſance,
Ie ne veux point pour vous flatter
Faire voſtre non eſclatter
Et monſtrer vos ayeulx deſcendre
Des anciens Contes de Flandre,
Ie n'ay point ſi foible la voix
Que ſi voſtre faueur i'auois
Ie ne feiſſe oüyr vos louanges
Iuſques aux nations eſtranges,

Mais vous n'aymez ces honneurs vains
Des chantres ny des escriuains
Qui ne seruent que de despence
En pensions & recompenses,
C'est pourquoy ie ne m'attens pas
Que de mes Vers vous faciez cas,
Ny qu'Apollon, ny que Minerue
De rien en vostre endroit ne serue
Encor que soyez amateur
D'vn bon liure & d'vn bon autheur,
Et des sciences & des langues
Si n'aymez vous point les Harangues.
I'ay bien cette temerité
De dire par tout verité:
Si cette vertu vous contente
I'en voy prendre meilleure attente,
Car sans doute il faut aduoüer
Qu'on vous doit iustement loüer
D'auoir arresté le desordre
Où grands & petits souloient mordre,
Le torrent de confusion
Par tout en confusion
Et par vne obscure cabale
L'espargne n'estoit que de bale
Les thresoriers par leurs comptans
Rend ient tous autres mal-contents,
Tout s'en alloit en griuelees

De pretz & de rentes ſimulees
Nos valeurs & faute de frond
Eſtoient vn abiſme profond:
Tout l'or que la France moiſſonne
Se perdoit ſans payer perſonne,
Les ſuboides mal departis
L'engageoient au mauuais partis,
Et n'y auoit plus de reſource
Que pour ceux qui tenoient la bource:
Mais par voſtre frugalité
Vous amenez l'egalité,
Et d'vn zele ſans artifice
Vous ioignez l'ordre à la Iuſtice
Magnanime & labourieux,
Vous viſez au bout glorieux
De rendre aux François la prudence
Le ſiecle d'or eſt l'abondance
Par leurs arts d'honneur & de paix.
Vous ne craignez porter le faix
De la rancune & l'enuie,
Auec voſtre innocente vie
Quand vous ne plaiſez pas à tous
Le Roy prend la cauſe pour vous:
Et d'vne bonne intelligence
Il ſouſtient voſtre diligence
Pouuant à tous faire du bien.
Pour vous ſeul vous ne faites rien

En maniant vn fond si ample
De continence, & c'est l'exemple
Vostre bien est en mesme Estat,
Vostre train n'a point plus d'esclat,
Vostre table & vostre Escurie
Sont d'vn Caton ou d'vn Curie
En responce, chant, & soudain
Les grands ne craignent le desdain
Par vne constance indicible,
Vous vous rendez inaccessible:
L'humble, le doux & le violant
Le miserable & l'eloquant
Sont tous traitez de mesme sorte
Auant que rien de vos mains sorte
Imprenables de tous costez,
Grands & petits vous rebutez,
Vous estes mal plaisant en somme
Et plustost vn rocher qu'vn homme:
Toutefois vous n'ignorez pas
Quel est le Lesbien compas
Et que chacun par son merite
En droict, soit plus ou moins merite.
Vostre estat est si abatu,
Et de tant de maux combatu
Qu'il faudroit les charmes d'Alcine
Pour 'uy seruir de medecine.
Vn g‹r›and corps de chair de nuë

De longue fiebure attenuë
Ne peut porter vn fort remede
Si la doze la force excede,
Puis qu'auez à nous gouuerner,
Vous sçauez assez discerner
Quels sont les humeurs des hommes
Au temps maladif où nous sommes,
Tel s'en retourne plain de feu
Qu'on pourroit contempler de peu:
Là la recompense s'applique
A la reigle Geometrique
Tel en reçoit des pensions
De qui tentes les actions
Ne machinent que nouueau trouble
Soubz vn courage fier & double
A bonne cause on peut nommer
L'espargne des Roys vne mer
Qui s'enflez par maintes manieres
Des eaux de diuerses riuieres:
Puis soubz terre & canneaux secrets
Les mesmes eaux sont les regrets
Pour departir en mesme source
Des ruisseaux l'eternelle source,
Auec les grands thresors humains
Qui procedent de plusieurs mains
Pour à vn seul se venir rendre
Doiuent sur plusieurs se reprendre.

Si vous passez pour vn tranchant
Autant le bon que le meschant,
Personne n'aura plus courage
De bien faire au fort de l'orage
La vertu n'est pas vn nom vain,
Et s'aigrit comme du leuain:
Si apres son seruice on pense
La priuer de la recompense.
Il fait bon estre mesnager
Pour les laboureurs soulager:
Mais à la Maiesté Royalle
Il sied bien d'estre liberalle.
Les François suiuent par honneur
Vn Prince liberal d'humeur:
Mais il n'y a pauure ny riche
Qui puisse aymer vn seigneur chiche
A la maison d'vn Prince grand.
Chacun y apporte & y prend
Et cela n'est pas magnifique.
Où quelque larron ne pratique
Serrer le bouton de si prés
Engendre plusieurs maux apres.
Les valets gastent les mesnages
Quand leurs maistres retiennent leurs gages.
Pour moy qui me tourne à tout vent,
Tant que le Roy sera viuant:
Quelq e parti que ie desbauche

I'iray droit & iamais à gauche,
I'ayme ce Prince en ses humeurs,
Son regne est commode à mes mœurs
Et n'ay pas peur quoy qu'on en die,
Que soubs luy la vertu maudie:
Ie ne crains point tant qu'il viura
Que le poison qui ennyura
La France des Guerres Ciuiles
Troublent le repos de nos villes.
Il nous a mis hors de danger
De craindre le fort estranger.
Ny que l'Angleterre, ny l'Espagne
Contre nous se mette en campagne.
Qu'il viue les ans de Nector
De peur que comme fit Hector
Dont la fin fut la fin de Troye,
Il laissa son Royaume en proye,
Dieu luy doint gouuerner long temps
Ses subiects riches & contents.
*Son aage tousiours au * **
Se Maintienne en faisant Iustice
Bien que le destin ennemy
M'empesche de viure parmy
Tant d'autres que la France honore,
Si puis-ie luy seruir encore.
Ie suis de sept enfans chargé,
A cent creanciers engagé:

Et mes freres sont consommez
Des fraix que i'ay faicts aux armees:
Mais ie ne suis assez prudent
Pour estre à la Cour impudent:
Et plustost que de m'y resoudre
I'endurois cent coups de foudres.
Bref si auiourd'huy ou demain
Vous ne tenez vn peu la main,
Que mieux si apres on me traitte
Ie puis bien sonner la retraitte
D'offices & d'estat priué
Ie m'en iray viure en priué:
Car c'est le point où ie me fie
Au bout de ma Philosophie.
Ie fais des Vers vne fois l'an,
Et pour le Duc de Milan.
Ie ne voudrois, ny ne souhaitte
Qu'on me tint pour vn grand Poëte:
Mais s'il fut que ce qui m'est deu,
Mon bien & mon temps soit perdu,
Au lieu de me mester des crimes,
I'iray me consoler des Rimes:
I'espere que le temps viendra,
Durant ce Roy cy, qu'on tiendra
D'vn homme de bien plus de compte,
Qu'or ne tient d'vn Duc ou d'vn Conte,
Pour le moins i'ay eu ce bonheur

D'enrichir d'amis & d'honneur:
Et si la pauureté me fasche,
La mort m'y donnera relasche.

SONNET.

Par le sieur Motin.

MArie à vray dire tu es la plus galante
Qui se puisse trouuer entre mille beautez:
Ton corsage & ton port nous retient arrestez
Serf à idolatrer ta façon attraiante

Ton visage adoucy d'vne voix riante,
Tes yeux esgratignans & tes sourcils voutez,
Tes desliez cheueux en replis frisottez
T'esleuent au delà de la belle Atalante:

Mais tu n'as point encor vn courage parfaict,
Nature t'a fournie vn corsage bien faict:
Mais vn C. renfroigné dont l'ouuerture ronde

Assise platement, & sans au cul gazon,
Et c'est ce qui desplaist à tous les V. du monde,
Vne beauté se rend parfaicte par son C.

SONNET,

Par le sieur Berthelot.

QVand Polidon fringua la dame putaßiere,
De qui le nom fameux s'appelle Sarbisi:
Pour montrer qu'à bon droict elle l'auoit choisi
Il luy fit quatre coups, où il n'arresta guere.

Elle pour recognoistre œuures si singuliere,
Sçachant combien merite vn V. bien cramoisi,
Qui n'est point vermoulu, ny par le temps moisi
Luy donna le laurier, la couronne guerriere.

Le mary qui suruint voyant ce beau lancier,
Qui portoit au chappeau des feuilles de laurier,
Demande s'il estoit deuenu quelque Poete.

Polidon respondit, las ie n'y entends rien:
Mais la femme repart s'en tenant satisfaite,
Si est, car il a fait tantost vn beau Quatrain.

Gausserie à vne Dame, sur la Perte de son connin.

QVe chacun en larmes se baigne,
Que chacun le dueil accompagne
D'vne Dame à qui le cœur part
Pour auoir perdu son mignard,
Son petit connin domestique
Par la cruauté tres-inique
D'vn chat qui l'a cruellement
Fait deualler au monument:
Vous ses voisins, vous ses voisines,
Vous ses cousins, vous ses cousines,
Vous les grands & plus apparens
Et les alliez & parens
Fondez tous en pleurs & en larmes,
Donnez vous de tristes allarmes:
Plombez vous le front & le sein
D'vne dure & cruelle main,
Choquez vous contre vne muraille,
D'anhan creuez vous les entrailles,
Arrachez vous le poil du chef,
Ne soyez d'vn an sans meschef.
Nuict & iour soyez aux goutieres,

Aux greniers, aux huis, aux chartieres
Armez de tripes de fagot
Pour tenir ce meschant Magot,
N'ayez d'aucun plaisir memoire
Habillez vous de couleur noire.
Et comme insensez furieux
Roüillez hideusement les yeux,
Ne donnez tresues à vos peines,
N'ayez sang, arterez, vos vaines,
Moüelles, os, muscles ny poux,
Nerfs, ny cartilage sur vous
Que vostre tristesse n'assaille.
Et ne leur liure la bataille,
Puis ainsi tristes, & affreux,
Esplorez, pasles & hideux,
Blesmes, mornes, espouuentables,
Transis, pasmez, & miserables
Ne montrant que dueil & qu'effroy,
Vous aßisterez au conuoy
De cette morte creature,
De ce conin que la nature
Auoit fait gentil entre tous
Pour plaire à mes belles amours.
Ce conin estoit ses delices,
Ce conin estoit ses blandices,
Ce conin estoit ses plaisirs,
Ce conin estoit ses desirs:

Ce conin estoit ses liesses,
Ce conin estoit ses richesses.
Ce conin estoit son repos,
Ce conin estoit son propos,
Ce conin seul estoit sa vie,
Ce conin estoit son enuie:
Ce conin estoit son bon-heur,
Ce conin estoit son honneur,
Ce conin estoit sa pasture,
Son machepin, sa confiture:
Ce conin estoit son gouster,
Ce conin estoit son souper.
Son aurore, son apres-disnee,
Son midy & sa matinee,
Ce conin estoit son repas,
Ce conin estoit ses cinq pas.
Ce conin estoit ses cadances,
Ce conin estoit ses aduances,
Ce conin estoit ses detours,
Ce conin estoit ses retours.
Ce conin estoit sa gauotte,
Son espagnolette & sa volte,
Ses fleurettes, ses entrechats,
Ses feintes & ses entrelats.
Ce conin estoit ses aubades,
Ce conin estoit ses gambades,
Ce conin estoit son mignon,

Son petit fils, son compagnon :
Ce conin estoit sa poupee,
Où tousiours viuoit occupee,
L'emmaillotant dans son mouchouer,
Puis apres le menoit ioüer :
Ce conin estoit ses dorures,
Ce conin estoit ses parures,
Ce conin estoit son thresor :
Ce conin seul estoit son or,
Son argent, ses ris, ses goguettes :
Ce conin estoit ses grands festes,
Ses Dimanches, ses tous les iours,
Ce conin estoit ses amours,
Ce conin estoit ses nigeries,
Ce conin estoit ses singeries.
Ce conin estoit ses esbats,
Son tabourin, son tarabas :
Son tabourinet, sa fourcette,
Son ieu & sa marionnette :
Ce conin estoit son caquet,
Ce conin estoit son traquet :
Ce conin estoit sa nuscade,
Sa sauce, sa capilotade.
Ce conin estoit sa douceur,
Ce conin estoit sa saueur :
Ce conin estoit sa porree,
Sa vinette, sa chicoree.

Ses choux de fleurs & ses naueaux,
Ses febues & ses poix nouueaux;
Bref ce conin estoit son pere,
Bref ce conin estoit sa mere:
Bref ce defunct petit conin
Estoit vn conin sans venin.

De deux Courtisans: l'vn prise la beauté d'vne Dame, & l'autre tout au contraire.

SATYRE.

QVi de rares faueurs, de beauté & de grace
Dont nature a orné vostre Angelique face,
Ensorcelé d'amour penseroit l'estimer:
Sembleroit espuiser les ondes de la mer.

Responce.

Qui le nombre infiny de laideur & de grace
Dont nature a soüillé vostre hideuse face,
Animé d'vn desdain la voudroit depriser,
Les gouttes de la mer sembleroit espuiser.

Qui a veu du Soleil l'excellente lumiere
Il n'a pas veu encor les clartez la premiere,
S'il n'a veu la splendeur, & clarté de vos yeux:
Qui sont astres Iumeaux plus luisans que les Cieux.

Responce.

Quand le soleil esclaire & iette sa lumiere
Alors vous paroissez des laides la premiere:
Vous ne debuez iamais ouurir vos vilains yeux,
Qui sont plains de fureur rouges & chassieux.

Vos leures ma mignonne & leur peau delicate
Surpassent le corail, la rose & l'escarlatte:
L'huytre vous imitez en baisant de bon cœur,
D'vn baiser moyte & glout de diuine liqueur.

Responce.

Vos leures sont de fiel & remplies de creuaces,
Et quand voulez baiser font les mesmes grimaces:
Sauf toutefois l'honneur de la Chrestienté,
Que le cul d'vn cheual quand il a fianté.

D'œillets, roses & fleurs est vostre bouche plaine,
Rien qu'odeurs & senteurs ne sort de vostre halaine:
Vos soupis sont zephirs, si souëfuement espars,
Qu'ils font germer en l'air violettes de Mars.

Responce.

D'vn vieil Saumon pourry auez la bouche plaine
Comme charongne on sent vostre puante halaine:
Et quand vous souspirez ce sont des rots espais
Qui de leur salle odeur rendent l'air tout punais.

Aux perles d'Orient vos dents ostent la gloire,
Vostre col, vostre sein sont plus blancs que l'yuoire
Et semble proprement que l'amour soit assis
Sur les fraises qui sont dessoubs vostre lassis.

Responce.

Le rateau de vos dents est crasseux & iaunastre,
Vostre sein est terni comme vne charongnastre
Sur vos tetins flestris les chicherons tous noirs,
Representant les bouts de deux entonnoirs.

Vostre ioue est polie & blanche comme marbre,
Teinte vn peu de fleuret, de laque ou de cinabre:
Vostre beau nez traitis sert de flesche à droit fil
A le beue de l'arc qui fait vostre sourcil.

Responce.

Soubs les os de vos yeux vostre museau se serre,
Pasle, maigre & terni, deffait & plain de terre:
Vostre gros nez butor baise à contrefil,
Laue d'vn chauderon que fait vostre sourcil.

Vos dents sont les fuseaux dont vous filez la trame
De la toille d'amour où se retient mon ame:
Les paulmes de vos mains sont les sacrez autels,
Et les Vestales font leurs beaux feux immortels.

Responce.

Ie compare vos doigts à des supositoires,
Les paulmes de vos mains semblent des descrotoirs,

Les mesmes doigts ouuers ne resemblent pas mal
A vn peigne qui sert à la queuë d'vn cheual.

Vos coiffes & filets ce sont subtilles chaines
Où mon amour captif endure milles peines:
Vous portez les filets dedans vos blonds cheueux
Où ie suis prisonnier & sortir ie ne peux.

Responce.

La coiffe que portez sur vostre teste sotte
Resemble d'vn manton vne salle pensotte,
Les crains qui sont dessoubs resemblent proprement
Le poil qui pend au cul d'vne vieille iument.

Les pas que vous tracez en faisant des fleurettes
Semblent les mouuemens des astres & planettes,
Diane chastement vous auez surmonté
Cithere en maintien, Iunon en maiesté.

Responce.

Les pas que vous tracez quand marchez par la ruë
Font bruire comme les pieds d'vne vache quiruë,
Et quand voulez sauter où l'on est assemblé
Vous tombez lourdement comme vn gros sac de blé.

La trompe des neuf sœurs qui les accords manie
A dressé vostre voix d'vne telle harmonie,

Que mon luth est muet quand vous auez chanté
Et moy plain de souspirs ie me pasme enchanté.

Responce.

Vostre voix a de l'air de la voix d'vne annesse
Ou de la roüe d'vn char ou n'y a point de gresse:
Moy ne pouuant souffrir des chants si discordants,
I'en romps quasi mon luth, & en grince les dents.

Les cœurs de tous les Dieux enuers vous graticuse
Desirant vous former de toutes partes heureuse,
Fist choix de vostre esprit entre les beaux esprits
De vos perfections multipliant de pris.

Responce.

Pour forger vostre esprit des infernaux la trouppe
Dedans vostre cerueau mit vn bouchon d'estoupe,
Aussi vous iargonnez tout ainsi qu'vn oyson,
Et en vos propos n'y a point de raison.

Heureux sept fois heureux qui par vne esperance
D'estre vostre mary cherchera l'alliance,
Qu'on passe en Arabie, & es Indes encor:
On ne verra iamais vn si riche thresor.

Responce.

Malheureux qui surpris ou par inaduertance
Sera contraint d'auoir vne telle alliance:
En la soye des pourceaux n'y es retraits encor,
On ne sçauroit trouuer rien qui soit de si ord.

Toutesfois escoutez combien que soyez telle
Si vous estes par trop à vos amans rebelle,
Les Dieux vous ont predit par vn certain destin,
Pour Amant ou mary quelque sot ou badin.

Responce.

Toutesfois escoutez encore que soyez laide
Si donc vous donnez aux verolez de l'ayde:
Alors qu'on vous forma le destin a predit
Qu'aurez par ce moyen quelque peu de credit.

LE TESTAMENT D'VN AMOVREVX,

Par le sieur Motin.

SI pour vous estre trop fidelle
Il faut mourir en vous aymant,

Au moins permettez moy la belle
Que ie face mon testament.

Si tost que la mort arriuée
Aura borné mon dernier iour,
Ie veux que ma tombe honorée
Soit dedans le temple d'amour.

Les torches soient au lieu de cire
D'ardeur & de desir brulant,
Et que le feu de mon martire
Soit par la ruë estincelant.

Ceux qui porteront ma biere
Seront des plaisirs & regrets,
Ses desdains & son humeur fiere
Coupables de mon deuil secret.

Que d'vn tortis la forme ronde
Entoure leurs testes de saux,
Pour tesmoigner à tout le monde
Vne partie de mes maux.

Que l'eau beniste soit de larmes
Dont i'allois mes feux arrousant:
Et l'asperges soit fait des armes
De Cupidon le pauure enfant.

Trois habillez de robbe noire
Rigueur, ennuy & sans mercy,
Facent pour ma teste memoire
Les cris piteux d'vn cœur trancy.

Que les sanglots au lieu de cloches
D'vn bruict par tout retentissant
Aduertisent tous mes plus proches
De mon seruice commançant.

Que celuy qui fera l'office
Se soit l'aumonier de pitié,
Et que le Diacre on choisisse
Entre les Prestres d'amitié.

Pour Soubsdiacre qu'on luy donne
Le loyer des seruices faicts,
Qu'il reçoiue chasque personne
Et leur faire baiser la paix.

Des amoureux toute la bande
Et les deuoirs en vain rendus,
Luy offrent pour funeste offrande
Le souuenir des pas perdus.

Que deux regards soit le coriste
De beau parler accompagné,

Qu'ils entonnent d'vn voix triste
Vn libera me Domine.

Peut estre aduiendra il a l'heure
Que son cœur de regret pressé,
Dira sur ma triste sepulture
Vn Requiescant in pace.

Compaßion dame propice
Es plus rudes aduersitez,
Or ie te faix l'executrice,
De mes dernieres volontez.

Ie donnes tout au belles ames
Qu'amour embrase de ses feux,
Qui meurent pour seruir leurs Dames
Et qui n'ont point faussé leurs vœux.

Afin que la race future
Fuye les maux que i'ay souffers,
Fais que dessus ma sepulture
Chacun lize ces quatre vers.

Celuy qui gist soubs cette l'ame
D'vn braue desir allumé
Seruant vne cruelle dame
Mourut pour n'estre point aymé.

Testament d'vne Courtisanne.

SATYRE.

Par le sieur Motin.

Qvand Dieu qui voyez tout, qui oyez toutes choses,
Qui tenez en vos mains toutes choses encloses,
Qui seul tenez le frain de ce grand vniuers,
Escoutez les regrets d'vne ame que l'offance,
Et le regret du mal appelle à penitence,
Et soyez attentif a l'accent de mes vers.

Et vous mes cheres sœurs mes plus cheres delices
Compagnes de mon mal, tesmoins de mes malices,
Qui estonnez le Ciel de vostre branslement,
Escoutez les regrets d'vne fille autant pleine
De repantir que vous d'vne amoureuse peine:
Et ne demeure plus en vostre aueuglement.

I'ay courru tout malheur m'estant renduë immonde,
I'ay vogué sur la mer des plaisirs de ce monde:
I'ay suiuy les dangers y croyant mon bon heur
Du peché maintenant & du mal repantie,
I'ay quitté ces honneurs & m'en suis conuertie
Est-ce pas bien quitter que quitter son malheur.

Adieu donc cheres sœurs compagnes de mes charmes
Ie vous donne à iamais le reste de mes armes,
Pour tromper vn chacun de mes trompeurs appas,
Ie vous laisse mes fards, mes boëtes, mes fiolles,
Mes huilles, mes parfuns, mes trompeuses parolles,
Et tout ce que ie puis ie ne l'espargne pas.

A toy fleur de beautez, à toy l'vnique belle
Qui m'a tousiours esté compagne tres fidelle,
Pour guerdon à iamais de ta fidelité
Ie te donne dequoy faire rougir ta ioue
Et la leure où l'amour mignardement se ioue,
Il n'y a que cela qui manque à ta beauté.

Vous ma petite sœur, mon cœur & ma compagne
Voicy mon dernier don prenez ce blanc d'Espagne,
Qui peut de vostre teint effacer la noirceur:
Vous auez les trais beaux, vous auez l'ame belle,
Vous auez le renom d'estre encore pucelle,
Et ne vous manque rien sinon de la blancheur.

Vous mes deux autres sœurs qui ne sçauez cognoistre
Auec quel defaux le ciel vous a fait naistre :
Ie vous donne à vous deux mon parler affeté,
Mes charmes, mes souspirs, mes douces mignardises,
Mes sousris, mes regards, mes trompeuses feintises
Le bien seul est de tous à vous deux souhaitté.

A toy

A toy ieune Lays la haine de mon ame
Ie te donne à iamais vne secrette flame,
Qui face decouller de ta motte vn bourbier,
Vn flux perpetuel vne humeur renaißante,
Vn fumier tout poury vne liqueur gluante:
Et puis pour te guarir Dieu te donne vn barbier.

Bref ie donne a ta sœur pour toute recompence
De sa sainte amitié toute mon impudence:
Mes propos dissolus mon regard effronté,
Mes signals mes siflet & tout ce qui conuie
Les hommes a l'Amour & leurs en fait enuie,
Ie luy en fait present car elle à merité.

Il ne me reste rien du bien de mon partage
Qu'vn seul Godemichy, c'est tout mon heritage
Ie ne le puis donner ie le garde pour moy.
Et puis qu'en feriez vous, vous en estes fournies
De meilleurs instrumens vous soulez vos enuies
C'est pecher que donner à plus riche que soy.

STANCES.

Par le sieur Pierre Bergeron.

NEuf ans sont escoulez ou peu s'en faut Madame
Pendant lesquels me suis & iour & nuict repeu,

De l'apas donc vos yeux allecherent mon ame,
Et de ce long espace il vous en chaut bien peu.

Mon cœur, ma vois, mon œil, forment vne triade
Pour ensemble gemir, plorer & detester,
De ta volage humeur l'inconstante boutade
Que ma foy ne peut plus en sa course arrester.

Où sont les premiers feux de ta flame premiere,
Las où sont les serments de cest amour constant,
Qui ne deuoit iamais tresbucher en arriere,
Où sont ces beaux discours que tu m'allois contant.

Tandis que tu serois de mon cœur adorée
Tu deuois m'honorant m'aymer iusque au trespas
Et conseruer pour moy ta leure colorée,
Mettant pour mon respect tout autre amour abas.

Tu l'as promis & si tu ne le tiens ma belle
Ainsi qu'vne Medée esprise de Iason,
Tu me fuis, & le suis c'est estre trop rebelle
Aux amoureuses loix & mesme à la raison.

Quoy tu me veux quitter & fermement ie t'ain.
Moy sans qui seulement tu ne viuois vn iour,
Moy que tu cherissois plus que ton ame mesme
Ce change deuant tous condamne ton amour.

Faut il que contre moy la fiere destinée
Conioincte à ta rigueur me tire de prison,
Ou mon ame ne s'est contre toy mutinée
Rien que fort souuent ie cheusse en pasmoison.

Ne force point mes fers, ne brise point ma chesne
Aussi bien tu ne peut desengager ta foy,
Sans te veoir encourir de pariure la peine
Reseruant pour autruy ce que tu dois à moy.

Qui te force, dicts moy, te rendre tributaire
De ce nouuel amant, qui te force dicts moy:
Ton meschef est plus grand d'autant que volontaire
C'est pour me guarantir ce diras tu d'esmoy.

Est il quelque subiect, quelque sorte d'affaire
Qui puisse diuertir de l'amour vn amant:
L'amour passe sur tout & à tout se prefere,
L'amour faict trouuer doux le plus aspre tourment.

Pourquoy tes yeux par qui ma raison fut rauie
Deuancez par ton cœur voudroient il sans subiect,
Apres auoir mon ame à leur iour asseruie
De leurs loys affranchie si fidele subiect.

La raison sur l'amour n'a force ny puissance,
L'amour n'est pas amour s'il se laisse mener

Par autre que par soy car telle est son essence
Qu'elle veut comme vn rond dedans soy retourner.

Amour lors qu'il sortit de ce cahos enorme
Separa le premier, feu, air, & terre, & Cieux,
Puis donna dans ce tout à chaque chose forme
Et rendit le confus plaisant & gratieux.

Ton esprit tout confus de vaines frenaisies
Te faict vn milion dans ton cœur conceuoir,
Qu'amour appaise en toy toutes ces fantaisies
Sur elles me donnant de sus ton cœur pouuoir.

Mon amour esprouuè te doit oster la crainte
La crainte & le soupçon d'vne varieté,
Voire mais autre amour tenez en mon ame empreinte,
Elle y fut par emprunt non en proprité.

Cephale caressant ainsi la belle aurore
Regretoit sa Procris comme son cher butin
Mesme baisant sa bouche & l'embrassant encore
Deuançant le sortir de Phœbus au matin.

Soy moy Ariadné ie ne seray Thesée
T'aymant d'vn cœur loyal ie ne te quitteray
Comme elle fut de luy meschamment abusée
Au delà de la mort ie te respecteray.

Si ton amour se monstre estre pour moy de flame
Inconstant & leger & mobile tousiours:
Le mien ne sera d'eau roullant sur toute dame
Il veut entre tes bras en toy finir son cours.

Cheris moy comme fut le beau Paris d'Oenone
Ou si me delaissant prise d'vn nouueau feu
Que l'esprit de Paris le tout puissant me donne
Pour à toy ne songer ou pour le moins bien peu.

Non non face le Ciel & ton humeur volage
Ce qu'ils voudront ie hays, le change infiniment,
Ie n'ay de t'oublier le cœur ny le courage
Qui oublie n'ayma iamais parfaitement.

Apollon ayme ainsi sa Daphné sa maistresse
Nonobstant que Laurier ell' ait pris changement
Pour elle il à tousiours eternelle detresse,
Car vn parfaict amour dure eternellement.

ODE.

IE prens plaisir à baiser
Et ta bouche & ta ioue:
Mais ce n'est m'embraiser
Si tost ie ne me ioue
A ce ieu que sur tout ie loue.

Les baisers plus sauoureux
Ne seruent rien Madame,
Que pour nous rendre amoureux
Et disposer nostre ame
Au deduict de l'amoureuse flame.

Les rys, les traicts gratieux
D'vne dame iolie
Ne contentent point mes yeux
N'esperant la folie
Que nos cœurs & nos corps allie.

Amour tyran de nos cœurs
Finissant la tourmente,
Appaise vn peu nos langueurs
Et donnant nostre attente
Nos desirs amoureux contente.

Prenons donc ce teton blanc
Ce ventre ma mignone,
Belle pressons nous le flanc
Que plaisir ton me donne
Car à vous du tout ie m'abandonne.

Ie ne suis point apprentif
De les donner malices
Puis l'amour est inuentif

Pour trouuer des delices
Guerdonnant nos fideles seruices.

ODE.

Belle viuons ensemble
Contents & bien heureux
Qu'amour nos cœurs assemble
Ne soyons langoureux
Et tramblons comme tramble
Le pigeon amoureux.

Nos languissantes ombres
Descenduës la bas,
Chez Pluton plein d'encombres
Ne sauoureront pas
Parmy ces manoirs sombres
Les amoureux esbas.

En despit de l'enuie
Belle viuons contents
Esgayons nostre vie
De mignards passetemps,
Car tost elle est suiuie
De la fin de nos ans.

Nostre aage tousiours vire
Sans surgir à bon port
Comme en flotant nauire,
Souffrant nouuel effort
Las daigner luy conduire
Belle soyez mon Nort.

Volage est nostre vie
Qui fuit comme les eaux
Et quand elle est rauie
Non plus que les ruisseaux,
De retour n'est suiuie
Fresles sont nos vesseaux.

Non non tousiours Neptune
N'est remply de courrous,
Et tousiours la fortune
Ne fulmine sur nous,
Et ne nous importune
Que vostre œil ne soit doux.

Librement i'accompare
Me voyant vous aymer,
Et que malheur m'empare
Vostre humeur à la mer
Sur laquelle on s'esgare
Sans cesser d'y ramer.

I'ay bon mas, bonne rame,
Ancre & bon auiron :
Bon courage & bonne ame
Pour singler enuiron
De ceste mer Madame,
Qui flotte en ton gyron.

Vous estes mon attente
Mon riuage & mon port:
S'il faut que la tourmente
Me retirant du bort
M'enfonce violente,
Ie beniray mon sort.

CHANSON.

IAneton ie ne suis volage ny leger,
L'amour dedans mon cœur ne vient de ressemblance,
Ie vois, & n'ensuis pas ton amour passager:
Mon cœur est vn rocher d'amour & de constance.
Et tu ne m'ayme plus ma Ianne Ianneton,
Et tu ne m'ayme plus qu'vn petit ce dit-on.

N'estime point qu'Amour ores que ieune d'ans
S'assubiectisse aux loix de l'humaine nature;

Ou qu'il ſuiue le cours ordinaire du temps,
Il ne vieillit iamais comme la creature.
Et tu ne m'ayme plus, &c.

Tousiours l'on peint Amour comme vn petit enfant,
Tout nud ſans veſtement, facile & tendre d'aage:
Des hommes & du temps & des dieux triomphant,
Domptant tout de ſes traicts, de ſon arc & cordage.
Et tu ne m'ayme plus.

Tu m'as promis ſouuent vne longue amitié,
Et moy le reciproque à ta voix charmereſſe:
Mais cheriſſant vn autre, ingrate & ſans pitié,
En me fauſſant ta foy ie garde ma promeſſe.
Et tu ne m'ayme plus.

Si grand eſt la ferueur de mon amour captif,
Que deceu de ta voix & pris en ta cordelle:
En regardant le tient volage & fugitif,
Ie ne ſçaurois changer pour te voir infidelle.
Et tu ne m'ayme plus.

Ces folaſtres ardeurs de tes legeretez
En tourmentant mon cœur n'ont deſſus luy puiſſance,
Aiment par les deſdains, ce ſont les raretez
D'vn excellent amour & ſaincte obeyſſance.
Et tu ne m'ayme plus.

Mon amour est diuin, ie ne sçaurois finir,
Tes glaçons ny mes pleurs ne le sçauroient esteindre,
Ny ta legereté ne le pourra tenir:
A sa perfection nul ne sçauroit attendre.
Et tu ne m'ayme plus.

Ma raison à mes feux s'oppose quelquesfois,
Et tes mespris glacez à ma feruente flame:
Mais las! ils ne sçauroient les vaincre toutesfois,
Car viure & te cherir est le mesme à mon ame.
Et tu ne m'ayme plus.

STANCES.

RAre beauté pour qui iour & nuict ie souspire
Dont mon cœur & mon œil sont tellement espris,
Que ie n'estime rien tant que son doux empire
Soubs lequel pour iamais languiront mes esprits.

O beau Soleil d'amour embrazant ma pensee,
Si ie n'ay le courage enflé d'extreme orgueil:
Ma foy doit à la fin estre recompensee,
Car mon cœur & mes yeux n'adorent que ton œil.

Ie reçois en t'aymant & plaisir & martire,
Car estant eschauffé de ton œil amoureux,

Ta belle main à soy tous mes esprits attire,
Voila comme ie meurs, vis & languis heureux.

De viure ou de mourir m'est pareille fortune
En viuant & mourant ie reçois de l'honneur,
Mourant ie m'escrieray, la mort ne m'importune,
Ma celeste Cloris m'a causé ce bon-heur.

Belle à vos beaux soleils mon ame est asseruie
Comme en eux sont meslez les refus, les desirs:
Les attraits, les mespris, & la mort & la vie,
Apres les maux soufferts, que i'aye les plaisirs.

Ie te voudrois trouuer ainsi que fit Pelee
Sa Thetis endormie, helas i'esprouuerois
Ma bouche estroictement à la tienne collee,
Ce que penser ie puis, dire ie n'oserois.

Le sommeil ce dit-on est de la mort l'image,
Mais cestuy-là seroit la vie de mon cœur:
Car dissillant tes yeux tu prendrois mon hommage,
Sauourant à longs traictz l'amoureuse liqueur.

Contre vn Courtisan.

ODE,

Par le sieur Motin.

PHilon, vous prenez vostre augure,
De dire que ie me figure,
Vous auoir donné de l'amour:
Non, non ie ne suis pas si vaine,
D'estimer l'amour en la peine
Du plus vain homme de la Cour.

Ne craignez point de me desplaire,
Ie vous pardonne la colere
Qui vous porte iusqu'à ce point:
Et pour punir vostre arrogance,
Suffit à ma iuste vengeance
L'honneur de ne vous plaire point.

Si vos yeux ne me trouuent belle,
Pensez vous Phylon que i'appelle
De leurs aueugles iugements,
Il n'en faut accuser Glycere
Dont les beautez causent l'vlcere,
Qui cause nostre aueuglement.

Et que ie serois bien vengee
Si comme elle y est obligee,
Pour son honneur & pour le mien
Elle apprend à ce cœur superbe,
Qu'à sa blessure n'y a point d'herbe,
Pour en esperer quelque bien.

Mais quels artifices estranges,
A quoy faire tant de loüanges
A qui mon esprit donne iour:
Vous en cuidez charmer son ame,
Tirant sa gloire de son blasme
Et de ma haine son amour.

Belle Glycere prenez garde
Comme ce courtisan vous farde,
Ses malignes pretensions:
Et par vos faueurs asseruie
Vengez vous de ses piperies,
Et moy de ses detractions.

Tel desespoir le fasse plaindre,
Qu'il sente au vray ce qu'il veut feindre,
Et que pour vn subiect si beau,
Quelque martire qu'il porte,
Pour luy n'ait iamais autre porte,
Ny de prison que le Tombeau,

Lors à son dam, comme il merite,
Pour le moins son ame hypocrite
Ore a dit vn coup verité :
Pour venger la verité mesme
Des outrages & des blasphemes
De sa perfide temerité.

EPIGRAMME.

MAdelon estant en ieunesse
A fait l'amour par charité,
Or qu'elle a d'enfans à largesse,
Elle a ceste temerité
Qu'elle pense auoir merité
Beaucoup plus grand, elle s'expose :
Ie crois qu'elle dit verité,
Car elle donne plus grand chose.

EPIGRAMME,

De Berthelot.

VN iour Margot prit la mesure
De l'instrument à son mary :
Elle pour lors à ce qu'elle iure,
Il en auoit pied & demy.

Mais apres deux ou trois secousses
N'en pouuant trouuer que neuf pousses,
Le pauuret vous eut fait pitié:
Rendez moy, disoit-il, mon conte
Ne deußiez vous pas auoir honte
De m'en retenir la moytié.

RESPONCE,

Par le sieur Berthelot.

APres qu'elle eut tout à son aise
Ry de le voir desconforté,
Hà! dit-elle, que ie te baise,
Mon cœur ie ne t'ay rien osté:
Mets ton ventre contre mon ventre,
Frotte le bien afin qu'il entre,
Si tost qu'il sera prou tendu,
Mets le dedans, & n'aye point honte,
Alors tu trouueras ton conte,
Au lieu mesme où tu l'as perdu.

SONNET.

MA maistresse escriuant les honneurs de Cibelle,
Les noms & les autheurs de la race des Dieux.

Et

Et la plus belle sœur du plus bel œil des Cieux,
Par estranges moyens se rendit immortelle.

Pour ...tre à corps perdu dit la folle cruelle,
Se passe le passé, les ieunes & les vieux :
Si ne veux-ie ces noms reuerer en tous lieux,
Mais ie veux que putain & louue l'on m'appelle.

Et qu'ayant de mon C. seruy tout l'Vniuers,
De toutes les putains & les ...teurs diuers
Et qui naistront iamais, viennent voir mes despouilles.

Et que sur le tombeau où ie reposeray,
Neuf fois par neuf matins il brimbale des ...illes,
Et de neuf coups de cul son V. ie beniray.

A MONSIEVR MOTIN,

SATYRE.

TOut ce qu'on a Motin, il est bien vray qu'on l'a,
Ne te souuient-il point, à propos de cela,
De ce beau Courtisan qui chez nostre Isabelle
Iouoit si bien des pieds dessus nostre escabelle,
Roüoit ses yeux rians comme fait vn mastin
Et loüoit grauement son pourpoint de satin,
Faisoit du compagnon & haussoit son espee

Dans le ſang des limas aucunesfois trempee,
Pour dire en fin que voire, & qu'il eſtoit celuy
Qu'il monſtroit à chacun qu'il eſtoit plus que luy:
Samedy de hazard ie le vis par la ruë,
Qui aduançoit ſes pieds tout ainſi qu'vne gruë,
Et qui contoit ſes pas marchant en eſchiquier
Il n'eſtoit plus en houſſe ainſi qu'vn gros banquier:
Mais picquoit les pauez tout au milieu des crottes
Auec les eſperons, & les plus belles bottes,
Eſtant en ceſt eſtat, & au reſte habillé
D'vn velours à la Turque vn tant ſoit peu pellé:
Auec vn manteau rouge en forme d'eſcarlatte,
Non trop long pour couurir le dos d'vn cul de iatte,
S'en vint à moy de front & mine d'Eſcuyer
Et m'arreſta deuant l'eſtau d'vn ſerrurier:
Et puis me dit (Monſieur) hé vous paſſez bien viſte,
Vous courez comme vn loup qui retourne à ſon giste:
Vrayement vous ferez alte, & me direz vn peu
S'il y a bien long temps qu'amoureux n'auez veu.
Ceste belle Iſabelle aux Courtiſans cruelle:
Mais à vous (ie le ſçay) trop constante & fidelle,
Voila voila que c'est d'eſtre vn Poëte accomply
Et d'eſtre de ſçauoir & des vertus remply:
Car touſiours la fortune à ceux-là fauoriſe
Et les gens de la Cour ſentent touſiours la criſe:
Hé bien, n'auez vous point quelque Sonnet nouueau?
Car i'ayme bien tout ce qui vient d'vn bon cerueau.

N'auez vous point vn Ode en l'honneur d'vne Dame?
Car ie suis amoureux, & depuis peu mon ame
Respire pour vn œil & pour vne beauté,
Qui tient lieu de merueille & d'vne deité:
Monsieur ie vous supplie, & faictes quelque chose
Pour le subiect diuin en vers, ou bien en prose.
Ie vous accolleray, que vous estes heureux
D'estre bon rimailleur & paisible amoureux:
Comme ce Courtisan desbridoit ses paroles
Dorees encor plus que ne sont les pistoles,
I'auois le nez en terre ainsi qu'vne brebis
Et ie disois tousiours vn Ora pro nobis.
A ce qu'il m'adressoit, qui par la continuë
Eust peu rendre ma barbe & ma teste chenuë:
Tant que son sot discours me rompoit le cerueau
Et qu'il me desplaisoit d'ouyr parler vn veau:
Mais Dieu qui ne defaut à ceux-là qu'il conserue,
Qui tousiours au besoin enuers eux se reserue
Me deliura des mains de ce fraisé muguet
Par vn moyen fatal & qui vint tout d'aguet.
Comment ce fut MOTIN, ie m'en vay te le dire,
Puis que c'est du gibier pour faire vne Satyre:
Tu sçauras que pour lors que ce drolle enfiloit
Le discours que sa vertue à foison distiloit:
Voicy venir vn homme à qui la face blesme
Monstroit qu'il n'en vouloit à autre qu'à soy-mesme,
Il auoit en sa main vn long & gros baston,

Il s'en vint droit à nous & haussa le menton
Du pauure courtisan, apres à bastonnades
Fit aller le mignon, comme on fait aux passades
Manier vn Genet, luy commence à iurer
Par la mort, par le sang, tu me viens massacrer,
Voleur, pendard, coüard, & qui sans asseurance
Me prends en trahison & sans estre en deffence:
Nonobstant ce discours l'autre tousiours touchoit,
Et de bonne façon le Courtisan torchoit:
Qui s'en voulant fuir tomba dedans la boüe,
Le voyant en ce lieu son ennemy secoüe,
Son manteau pour apres à coups de pieds fouler,
Le pauure Courtisan qu'il vouloit estrangler:
Ce muguet tout fangeux & sanglant crie à l'ayde,
On me tuë, disoit-il, on m'outrage, on m'excede.
L'autre tousiours frappant respondit, ô paillard,
Tu ne fais maintenant le superbe raillard:
Et tu n'as point d'enuie ore que l'on t'estrille,
De donner la verolle & gaster vne fille.
Aux cris de part & d'autre vn chacun accourut
Qui porté de pitié, le blessé secourut:
Leue le courtisan qui sanglant & tout blesme,
Iure comme vn chartier & furieux blaspheme:
Voyant tant de secours, l'assemblee laisse là
Le pauure gentillastre, & chez luy s'en alla:
Ie le suiuis au pas comme voulant apprendre
La cause & le subiect de ce triste esclandre,

Estant dans son logis il me dit: est-ce pas
(Monsieur) vn bel amour & de tres-doux appas
De donner la verolle en gage à sa maistresse,
Pour monstrer que l'on l'ayme & que l'on la caresse.
C'est cela que ce drolle a fait enuers ma sœur:
Et afin ô Monsieur, que vous en soyez seur,
S'il vous plaist de monter vous verrez la posture
Et le mal violent de ceste creature.
Desireux donc ie monte & dedans vn galtas
I'apperceus vne fille en vn lict de taftas
Qui suoit, sanglottoit, & qui comme en furie:
Alors qu'elle me vit se lamente & s'escrie.
Monsieur (ce me dit-elle) ayez pitié de moy,
Ie brusle de chaleur, & si las ie reçoy
Vn tourment plus grief que ne font point les ames
Qui sont là bas au fond des infernalles flammes.
Apres ces mots ie vis que sa bouche bauoit
Vne liqueur glaireuse, & le sein luy lauoit:
Pour monstrer que les dents de chaleur esbranlées
S'estoient en des douleurs ia toutes escroulees.
Outre cela son front encreté, boutonné,
Et son nez qui se fond auoit accompagné
Monstroit que ceste fille auoit chose notable
Conquis par vn doux dueil le Royaume de Naples,
La Duché de Surie au coing des refondus,
L'Isle de Clacque-dent au climat des perdus:
Sans oublier encor le Comté de Bauiere,

Marquisat de tremble-fesse, pelade & boutonniere :
Bref qu'elle auoit acquis par ses perfections
Royaumes, Marquisats, Duchez, possessions,
Qu'heritent les Amans, vrays soldats de Ciprine,
Pour auoir trop battu sur l'enclume diuine
De ceste malheureuse, à qui les yeux sillez
N'estoient qu'à ses trauaux seulement resueillez,
Que ie vis approcher des mains du tout bourrelles
Qui en mettant des grez rouges soubs les aisselles
De ceste verolee augmentoit sa chaleur :
Qui s'escriant bien haut, i'endure grand douleur,
Et par mesme moyen ie ne peux dauantage
Voir vn si triste obiect, & tant piteux outrage
Ie sortis donc de là, puis ie m'en vins chez moy
Remply d'estonnement & transporté d'effroy,
Pour songer en moy-mesme à quel danger vn homme
Se met pour vn plaisir qui bien tost se consomme :
Alors que plus brutal que n'est vn animal
Il se plonge au peché qui n'apporte que mal.
MOTIN, donc apprenons que le vice n'apporte
Qu'vn torrent de douleur qui en fin nous emporte
Lors que comme pourceaux nous sommes arrestez
Dans le bourbier puant des sales voluptez.

A MONSIEVR DE l'Oliuier.

SATYRE.

TV reprens mon humeur OLIVIER, tu me blasme,
Mon inclination toy-mesme tu t'enflame
Contre moy de cholere en voyant que ie dis,
Que l'on voit nos François maintenant engourdis
A suiure la vertu tant estimee au monde,
Que contre les vausriens incontinent ie gronde,
Ayant pour ma raison que chacun va laissant
L'estude, & le sçauoir qui s'en va perissant:
Cela n'est-il pas iuste, & mon cœur Satyrique
N'est-il pas bien fondé sur vne telle picque:
Qui seroit celuy-là qui voyant en ce temps
Chacun à qui mieux mieux prendre ses passetemps:
Mais plustost demeurer tousiours grossiers & rude
Et ne mettre iamais le pied dans vne estude,
Ne s'estomacqueroit, & des larmes de sang
Cognoissant ce malheur ne feroit vn estang.
Toy mesme cher amy OLIVIER qui caresses
Du Parnasside mont les pucelles Deesses,
N'es-tu point courroucé quand tu vois vn bouffon,

Vn effronté friquet faire icy du profon,
Du ſuffiſant, du docte, & du fil de ſa langue
Faire à baſtons rompus vne mauſade harangue.
D'autre coſté n'es tu tranſporté de courroux
De voir ceſt Aduocat qui aimoit les hiboux,
Qui eſtoit miſantrope, auoir couppé ſa robbe
Declamant que le droit eſt celuy qui deſrobe
Aux hommes le plaiſir & le contentement:
Qui obſcurcit l'eſprit auec le iugement
Et qu'il eſt plus ſeant de paroiſtre vn ſot aſne,
Que ſe faire Aduocat & porter la ſoutane,
Qui eſclaue le monde & contraint au Palais
Les ieunes Aduocats y eſtre de relais.
Et ce le tout ſans cauſe, ou bien à l'audience
Paſſer tout le matin en vn morne ſilence,
N'eſtre pas bien chauſſé pour eſtre aduocaſſeau:
OLIVIER, qu'on luy donne à boire vn verre d'eau,
Pour le deſalterer, c'eſt vn digne ſalaire,
Et pour ſon eſtomach vn boüillon ſalutaire.
Apres ce mordicant, combien de financiers
Et de iobets voit-on qui pour eſtre officiers
Meſpriſent la ſcience, & ſouſtiennent qu'au monde
Il faut tant ſeulement bien porter la rotonde,
Gauſſer deſſus le peuple & piller ſur le Roy:
Preſter à intereſt, touſiours auoir dequoy,
Faire fonds en leurs comptes & coucher la partie,
Qui ſoubs le nom d'vn autre au leur eſt conuertie,

Tromper vn auditeur, changer les comptereaux,
Et par vn double acquit surprendre les bureaux
En leur estat final voir beaucoup de souffrances
Qui prouiennent du tout des debtes & des quittances:
Et pour n'auoir payé à quelque morfondu,
Luy donnant pour payement des coups de pieds au cul.
Voila des financiers les maximes de viure
Et de leurs volontez qu'ils desirent de suiure,
A prendre, tracasser, & faire des partis
Pour se ruiner l'vn l'autre, & sur tous les petis,
Aller dedans le Louure, & faire des encheres,
Les peres sur les fils, & les fils sur les peres:
Voila le vray sentier que l'on suit de present
Pour aller en sa vie aux Eglises gueusant.
Profitable moyen mais non des plus honnestes,
Qui fait qu'vn thresorier en laisse tant en reste
A ses fils en mourant, lesquels parmy ce bien
Prennent la volupté pour leur souuerain bien.
Suiuons mon OLIVIER *des ignards la piste,*
Prenons les faineans iusques dedans leur giste:
Regardons les muguets, voyans les Courtisans
Qui gaussent à plaisir, & s'en vont mesprisans
Des gens qui sont d'estudes, & faisans des risees,
Estiment leur sçauoir comme billes vesees:
Leur crachent en la face & les nomment pedants,
Disent qu'ils ont Saturne en tous leurs ascendants;
Que du Grec & Latin on en paue les rües,

Et que s'y amuser est à faire à des grües:
Qu'il est plus necessaire à ceux qui sont de court
De parler brusquement, & de le faire court,
Que non pas d'aleguer vn torrent de passages
Pour monstrer en ce temps que les foux ne sont sages,
Au lieu de tout cela qu'il vaut bien mieux aymer,
Dissimuler, gausser, voltiger, escrimer:
Mais de beaucoup sçauoir n'auoir aucune enuie,
Aussi bien que l'estude assomme nostre vie.
Et que quand sur vn liure on seroit bien dix ans,
Que peut estre à la fin on n'auroit pas cent frans.
Apres ces courtisans il nous conuient escrire
Les fils de ces bourgeois que du College on tire,
Afin de les placer sur quelques procureurs,
Qui soient au Chastelet des plus fermes crieurs
Et maistres chicaneux en fait des plaidoyries.
Puis quand ils ont esté dans la chicanerie,
Les peres assottez les retirent chez eux:
Leur donnent liberté d'aller en plusieurs lieux,
Ils vont par les bordels, & apres la tauerne,
Est celle qui souuent ces beaux enfans gouuerne,
Puis ils vont toute nuict roder par les quartiers
Armez en vrays bourgeois, ou bien comme messiers,
Gaussans, sifflans, chantans comme on voit aux riuieres
En mille faux bourdons, chanter les lauendieres,
Et au party de là ce sont des suffisans.

Des discrets, des docteurs qui s'estiment sçauans:
Ou bien des entendus, & vestus à la mode,
Vn d'eux à chaque pas son rabat racommode:
L'autre sa picadille aura fait en carneaux,
Et dessus ses cheueux aussi blonds que pruneaux
Aura de la farine, vn autre vn bas de soye
De couleur d'Angelique, ou bien de merde d'oye,
Ses cordons de souliers seront de coulombin,
Les iartieres de mesme afin d'estre poupin:
Le pourpoint balaffré au dessoubs la chemise,
Qui couste six escus qu'il n'auoit iamais mise,
La manche retroussee, & autour de ses bras
Vn bracelet tresse de chiffres hauts & bas.
Ceste trouppe ainsi leste, & se voulant complaire
Va roder, va iouër, & la meilleure affaire
Qu'elle a c'est au Tripot enuoyer son argent
Par dessus les filets & iurer en Sergent:
De la tous ces Seigneurs s'en vont voir leurs maistresses
Où ils sont despouillez chacun de leur richesses,
Puis ne sçachant que faire vn chacun à par soy
Se plaist à controoller les bastiments du Roy,
Ou bien se vont ietter dans vne Academie
Où l'vn faict exercice de toute piperie:
L'autre manie des dez & les iette au cornet
Et s'efforce iouänt à mettre vn autre au net,
Puis l'ayant desgarny d'escus & de pistoles,
Le contraint à iurer & de se prendre aux solles

Qui sont dans le logis, encor que non d'effaict,
Mais bien de volonté son desir soit parfaict.
OLIVIER, voila donc les fruicts de l'ignorance,
Voila comment par elle est piteuse la France:
N'ayant plus de cerueaux qui grauement posez,
Soient dedans les Conseils tousiours bien disposez,
A donner vn aduis qui son estat conserue:
Et qui cause cela, c'est que l'on voit Minerue,
Apollon & les arts tellement à mespris,
Que d'vn plaisant fallot on fera plus de pris
Que d'vn homme doüé d'vne belle doctrine,
Et plus plein de sçauoir, que de fait & de mine.
N'ay-ie donc pas raison de paroistre songeard
Et d'estre tourmenté par vn soucy rongeard,
Et voyant OLIVIER que tout en mal se tourne,
N'ay-ie pas vn subiect d'estre coüard & morne:
Outre que quand l'vn voit son estat definir,
Chaque particulier s'en doit aussi sentir,

EPITAPHE DE FEVE

Dame Bescombe.

AV fond de ceste large tombe
Gist tout à plat Dame Bescombe,
Qui mourut de trop rechiner
Pour ne pouuoir plus besongner:
On dit qu'encor son ame grogne,
Que quelque esprit ne la besongne.

A PHILAMON.

Sur sa Perrette.

POur n'estre par elle vaincu
Au ieu où elle est tousiours preste,
En luy pensant rompre le cu,
Philamon, tu te romps la teste.

SATYRE.

I'Estois sur le Pont neuf quand la nuict s'auoisine,
Ie regardois le plan de la place Dauphine,
L'edifice du Louure & l'Isle du Palais
Et le cheual de Bronze auquel tant ie me plais
Quand vn homme effronté (ie suis enflamé d'ire
Comme il m'en resouuient) m'accoste & me va dire,
Vous contemplez, Monsieur, les desseins d'auiourd'huy
Ie retourne aussi tost la teste deuers luy,
Ie voy ce resolu, dont la mine esgaree
Pouuoit espouuanter la bourse mieux ferree
Qui soit point à Paris: ha! qu'il estoit dispos,
Il n'est point messeant, ny point hors de propos
De depeindre ce rustre auec ma pierre noire;
Mais peut-on crayonner vne si belle histoire?
Nul certes ne le peut: l'esprit le mieux timbré
Dans ce chemin fascheux se verroit encombré;
Toutesfois le courroux qui mon ame transporte,
Plus que l'esprit & l'art m'y seruira d'escorte,
Qu'on remarque ses traicts: Sa taille à mon aduis
Tient fort du respondant qui demeure au paruis:
Ses yeux qu'vne escarlatte à l'entour enueloppe
Luisent ny plus ny moins que ceux d'vn Lycantrope;
Son nez punais ressemble vn concombre auorté

Mais pour mieux dire encor vne meure, excepté
Qu'il n'a pas la grosseur, puante est son halcine,
Sa barbe est vn outil dont on carde la laine:
Quand au chappeau qu'il porte, il est tel à le voir,
L'on diroit vrayement que c'est vn entonnoir,
Le cordon qui l'entourne est fait à la marane,
Historié iadis comme le dos d'vn Asne:
Son oreille est semblable à celle d'vn cochon
Où pend le petit more en guise de bouchon,
Par derriere à grand poil ondoye vne moustache,
Mais c'est trop l'honorer, c'est vne queuë de vache
Qui luy couure les reins d'vn melange crineux,
Qu'vn ruban de Chine entortille en cent nœuds,
Son teint de camelot ondoyé de minime
Tient de celuy d'vn gueux qu'on accuse de crime:
Son habit (chose estrange) esgratigné, mangé,
Goffré, brodé, rompu, deschiqueté, frangé
Feroit honte à l'opale, à cause du meslange
De sa couleur diuerse à la voir qui se change
Comme vn Cameleon, mais sçauez vous comment?
Ie vais le raconter: Il fut premierement
De satin decoupé (comme l'on dit) en plume
Auec trois tafetas selon nostre coustume,
Or le temps malheureux nostre ennemy iuré,
Le temps, dis-ie, a si bien ensemble incorporé
Parmy le caneuas & l'autre garniture:
Ces quatre estoffes là, que l'art vainc la nature

Et n'en desplaise point à Pierre de Ronsard,
Qui dit que la nature est meilleure que l'art:
Soit durant le beau temps, soit durant que les crottes
Ont leur siege à Paris, il marche auec des bottes,
Prises d'vn megißier, & des esprons grauez
A la façon du temps qui picquent les pauez:
Mais tout cecy n'est rien au prix de son espee
Qu'il a dedans le sang des limaçons trempee,
Or comme on ne peut donc euiter son destin,
Cest homme ainsi basty me vint comme vn Lutin
Tirer par mon manteau auec vne main teinte
En du ius de fumier, & me fit ceste plainte.
Les esprits de ce temps ne sont point sur mon Dieu
Ny grands, ny releuez, il falloit qu'en ce lieu
Quelqu'vn eust fait bastir la tour de Babilone:
Que voulez vous Monsieur, auec vn ie me donne
Au diable, vn Dieu me damne, vn ie meure, vn sermẽt,
Qui me faisoit trembler en mon estonnement.
Monsieur la vertu meurt & la mescognoissance
A le plus de credit maintenant par la France.
Si l'homme de merite estoit bien recogneu,
Ie serois estimé, i'aurois du reuenu,
Des pages & des laquais la carrosse garnie,
Et six cheuaux encor me feroient compagnie.
Ie suis vn gentil-homme issu de bonne part,
Ie menois l'auant-garde au camp de Ville-Iuifue,
I'ay crié le premier, demeure-là, qui viue?

Que vous diray-ie plus, i'auois vn regiment
De Croquans valeureux ſoubs mon commandement:
Alors de ſon manteau le bras gauche il ſe couure,
Et puis ſe retournant vers le chaſteau du Louure
Il commence à me dire auec ſon quant à moy,
Que ceſte gallerie auoit ie ne ſçay quoy,
De l'air d'vn Ilion ornement de l'Aſie:
Mais qu'elle n'eſtoit pas ſelon ſa fantaiſie,
Comme ſi les humeurs de ceſt homme de chois
Euſſent deu controoller les baſtiments des Roys.
Apres il me commence à faire des harangues,
De ſes perfections: Quatre ſortes de langues,
N'eſt-ce pas (diſoit-il) Monſieur, vn beau treſor?
Ie les ay toutesfois & dauantage encor.
I'ay pour le mal d'amour vn ſingulier remede,
Ie ne cederois pas au ſubtil Archimede
En la mathematique: A combien d'eſcoliers
Ay-ie enſeigné ceſt art? les eſprits familliers
Me ſont plus obligez qu'à nul de ce Royaume,
I'ay fait vn horoſcope à ce maiſtre Guillaume
Qui fait tant le ſçauant: ce bel acte cogneu,
Fait qu'entre les plus grands ie ſuis le bien venu;
Que ſi vous deſirez de voir l'experience
D'vne tant merueilleuſe & ſi rare ſcience,
Sur voſtre iour natal demeurez aſſeuré
Qu'en ceſte occaſion ie vous contenteray.
Ie ne ſuis point au reſte au nombre des auares,

I'ay dans mon cabinet dix milles choses rares,
S'il vous plaist de le voir, la maison n'est pas loing:
Moy qui voulois seruir de iuge & de tesmoing
Sur le diuers succez d'vne telle matiere,
Et vous representer la farce toute entiere
En le remerciant de ceste charité,
Qu'il me vouloit monstrer sans l'auoir merité
Comme vn chartier eust fait, il me iure & proteste,
Qu'il estoit mon amy: puis il me dist au reste
Qu'il estoit en tout temps le plus que bien venu
Des filles de Paris, qu'il en auoit cogneu
De toutes les façons, & qu'en sa compagnie
I'esloignasse de moy toute ceremonie:
Iusqu'aupres son logis auec quelques discours
De pareille farine, il m'amuse tousiours:
La petite maison (voyez le bon office
De ce gentil Gallant) est à vostre seruice.
Petite voirement, il n'estoit pas menteur,
Ie pense qu'vn nabot en estoit fondateur:
A peine sommes nous arriuez à la crime
De ce bel edifice excellent & sublime,
Et qui marchoit de pair auec l'Ephesien,
Qu'il ouure vn cadenas. Et Dieu sçait & combien
Ie m'estonnay de voir ceste horrible tasniere:
Sans mentir ie pensois estre en vn Cimetiere,
Ou, pour mieux m'expliquer en quelque bassecourt,
Où la foudre a passé. Mais pour le faire court,

Combien que ces deuis me soient insupportables,
Ie veux faire vn estat des choses plus notables:
Afin que ie ne sois toutesfois ennuyeux;
Ie veux mettre en oubly dix mille petits Dieux
Nouuellement venus du pays de la Chine,
Et cent mille animaux de terre & de marine.
Pour le premier article vne aulne d'arc en Ciel,
La celeste Venus, des parolos de miel;
Vne dragme des fleurs de Ieanne la pucelle,
Le busque de Lays, quatre plumes de l'aisle,
Du petit Cupidon, le flageollet ioyeux;
Dont Mercure endormoit le Berger aux cent yeux:
Les cornes d'Achelois, des pommes hesperides,
Les aisles du cheual de Vierges Castalides:
Les pleurs de Marc Anthoine enchassez en de l'or;
La coque de Pollux & celle de Castor,
Certaine quantité d'huyle petrifiee,
L'orteil de Grandgosier, de l'eau purifiee
Du iour du grand deluge, vn demy casque plein
Du nectar immortel, l'Antechrist, de la main,
Du peintre Aristolas, deux nouuelles nichees;
D'oyseaux de Paradis, trois serénes seichees,
Dedans vn four bien chaud, des cheueux de Morgand,
Vn peu de la sueur d'Alexandre le Grand:
Le Squelette enfumé d'vne brayette Suisse,
Le glaiue de Roland, des ongles de Melisse;
Vn des rats qui iadis mangerent Popiel,

Le Roy des Polonnois par vengeance du Ciel:
La carcasse d'vn Pou qui mangea la chair sale
De l'Empereur Arnoul, du feu d'vne Vestale,
Vn Crible où chez Pluton les Belides souloient
Retenir follement les eaux qui s'escouloient.
Il auoit d'autre part deux grains de la verolle,
Qui vint premier en France, vn Marot, vn vieil rolle,
Six volumes tournez d'Espagnol en François,
Pour bien dißimuler & mentir quelquesfois:
Plus vn remerciement qu'en toute reuerence
L'Anglois & l'Espagnol adressent à la France,
Vn commentaire encor des liures d'Aretin,
Composé de nouueau par vn Napolitain:
Vn Calepin d'aduis auecques la maniere
D'amener au moulin les eaux de la riuiere,
Le tout par vn Tudesque & mille engins diuers,
Que pour estre ennuyeux ie veux taire en mes vers.
Quand ie me fus saoülé d'vne telle merueille,
Außi tost vint la nuict, & lors ie m'appareille
De luy dire bonsoir: lors par cinq ou six fois
Il me prie à souper, ou que si ie voulois
Nous irions chez Cormier, au Cerf, ou petit More,
Ou chez Torticoly: il me va dire encore,
Qu'il sçauoit bien son monde, & que pour l'amitié
Si i'auois de l'argent qu'il seroit de moitié:
Qu'il estoit propre à tout, que nul en ceste ville,
Bien que vous me voyez comme vn pauure soldat,

Aux cartes & aux dez n'estoit point plus habille,
Qu'il faisoit trouuer bons les plus faux diamans:
Qu'à voir quelque nourisse, à ses lineamans
Il donnoit son aduis touchant son pucelage.
Mais c'est perdre le temps d'auoir tant de langage,
Il s'enquisrt de mon nom, & si i'estois du lieu.
Et luy dis l'vn & l'autre, & puis apres adieu.

EPITAPHE DE CABOCHE excellent Porte-fais.

CY gist vn personnage
Duquel est grand dommage,
Caboche qui deuoit
Pour l'honneur qu'il auoit,
Viure tousiours au monde.
Sa voix estoit faconde
Et son parler diuin
A crier le bon vin,
Qu'il iettoit en son ventre
Mille fois mieux qu'vn chantre:
Il s'acquit grand honneur
Pour estre bon sonneur,
Non de luts ny de poches,

Mais bien de grosses cloches,
Qu'il sonnoit à fredons
Les iours des grands pardons.
Il estoit en estime
De faire bien en rime,
Et à la verité
Quand il auoit ietté
Dans sa gorge alteree
Mainte & mainte verree
De vin, il rencontroit
Tant à gauche qu'à droict.
Il sçauoit la maniere
De porter en ciuiere
Quelque pesant fardeau,
Il tiroit au cordeau
D'une ame encouragee,
La nacelle chargee,
Et portoit bien le faits
En hotte & en crochets,
Et s'y rendoit habile
Courant parmy la ville.
Aucun ne sçauoit mieux
S'enquester en tous lieux
Des choses esgarees,
Si les Dames parees
Perdoient quelque ioyau,
Ou quelque riche anneau,

Il prenoit la clochette
Et quittant sa logette
Il faisoit mille cris
Au milieu de Paris,
Se rompant la ceruelle
Pour en ouir nouuelle.
Il auoit bon esprit,
Et couchoit par escrit
Dix mille chansonnettes
Et dix mille sornettes,
Que viste il composoit
Alors qu'il luy plaisoit.
Il sçauoit vn peu lire,
Comme vn petit escrire,
Car il auoit esté
Pendant sa puberté
Dans vn conuent nouice,
Mais en cest exercice
Il se vit bien tost las:
Donc pour plus grand soulas
Quitta le monastere
Et le beau nom de frere,
Alors que la Cipris
Alluma ces esprits
D'vne fille de ioye,
Dont en fin fut la proye.
Ainsi donc amoureux

Des attriats sauoureux
De ceste ieune Circe
Il ne fut plus nouice,
Mais en suiuant l'amour
Alla faire la cour
A ceste fine garce,
Qui en bien peu d'espace
De temps qu'elle l'ayma,
Son argent consumma.
Luy donc ainsi debille
D'argent par ceste fille,
Et sentant que la fain
Luy tourmentoit le sein:
Pour maintenir sa vie
Il luy prit vne enuie
De se faire porteur,
Hotteur & crocheteur,
De vuider les latrines,
De seruir aux cuisines
Et d'aider aux anniers,
A charger les fumiers:
De deualer aux caues
Les vins doux & suaues,
Et au haut d'vn clocher
Les chucas denicher,
De conduire les bieres
Dedans les Cimetieres,
Et par deuotion

En la procession
Porter haut la banniere
Faisant mainte priere.
Il estoit bon portier
Et fort bon regratier,
Il faisoit des messages,
Neufuaines & voyages
Cà & là pour autruy:
Bref il auoit en luy
Vn millier d'artifices,
De qui les exercices
L'entretenoient icy
Exempt de tout soucy.
Mais las en fin la Parque
Qui toutes choses embarque
Dans le commun basteau
Dont Charon passe l'eau
A toute creature
Subiecte à la nature
L'a rauy de ce lieu,
Le tuant au milieu
De sa force virile
A Paris tant vtile.
Or donc, deuot passant,
Pensant & repensant
A nostre fresle vie,
Qui si tost est rauie,

Dy pour le trespassé,
Requiescant in pace:
Puis suiuant la pratique
De tout bon Catholique,
Dy Pater & Aue
Afin qu'il soit sauué.

Abregé de la vie d'vne signalee Macquerelle.

L'Autre iour le Gascon apres l'auoir fait boire,
Des filles du mestier me fit voir vn memoire,
Dont i'en fus estonné: car i'en vis au papier
Que ie ne pensois pas qui fussent du mestier.
Or m'estant informé de celle qui les meine,
La premiere nommee ainsi qu'vn Capitaine
Dont l'immortel renom volle par l'vniuers:
Il m'en fit le discours, & le voicy en vers
Que i'ay rendus succints, d'autant que la matiere
Merite qu'on la taise, ou qu'on n'en parle guiere.
Sur toutes les putains qui ont le plus bransl é,
Dont le cul courageux n'a iamais reculé:
Celle-cy a fait rage, & a fait parler d'elle
En qualité de garce, & puis de macquerelle,
Sul tile, ingenieuse, & qui de cent façons
En l'vn & en l'autre art inuenta des leçons:

Si bien que qui voudra, ſoit amant ou maiſtreſſe,
Apprendre à ce meſtier de nouueaux tours de feſſe:
Encore plus laſcifs que ceux de l'Aretin,
Il faut qu'il aille voir ceſte docte putain.
Son pere eut nom Poulain, ſa mere Chaude-piſſe:
Et celle que l'on priſt pour eſtre ſa nourrice,
Fut vne vieille louue, & la mere d'Amour
La venoit viſiter cincq ou ſix fois le iour,
La berçant elle-meſme ainſi qu'vne ſeruante,
Afin qu'au remuëment elle deuint ſçauante:
Si bien que n'eſtant pas à peine hors le berceau
Elle s'alla plonger dans le fonds d'vn bordeau,
Où ſe faiſant bercer ſans ceſſe à tout le monde
Elle acquit le renom d'vne Lays ſeconde:
N'eſtant point de l'humeur de celles de la Cour,
Qui dans l'ame bruſlans du cruel feu d'amour,
Se plaiſent toutesfois à vſer de remiſes.
Auant qu'on en iouyſſe & qu'on en vienne aux priſes,
Pourueu qu'on luy monſtraſt vn membre de mulet,
Soit qu'il fut honneſte homme, ou de quelque valet,
On la voyoit touſiours comme vne qui ſe paſme,
Preſte à vous receuoir & preſte à rendre l'ame.
En toutes les façons qui ſe peuuent ſonger
Pour vous donner plaiſir & pour vous ſoulager,
Elle eſtoit ſouple, agille, & ſa mouuante feſſe
Fut vne fois ſans fin qui n'auoit point de ceſſe:
Que ſi elle manquoit quelquefois, c'eſtoit lors

Qu'il falloit qu'vn barbier en refist les ressors:
Ou bien qu'il falloit faire en Bauiere vn voyage
Tous les mois vne fois & non point dauantage,
Duquel elle n'estoit si soudain de retour,
Que quelque malheureux y alloit à son tour,
Qui auoit freschement eu affaire auec elle:
Puis vn autre l'alloit sortir de sentinelle.
Et puis vn autre encor parce qu'autant de coups,
Estoient autant de chasse & de souuenez-vous.
Elle continua ce plaisant exercice,
Non point iusques au temps d'vn remords de son vice:
Mais iusqu'à ce que l'aage au poil tout argenté
De son orde luxure eust le cours arresté:
Voyant donc son visage autrefois agreable
Peu à peu deuenir en terre labourable:
Afin de maintenir sa reputation,
Eut recours tout soudain à la production:
Où elle se rendit si experte & habille,
Que tout luy succedoit & luy estoit facille:
Combien y en a-il que l'on ne cognoist pas,
Qui n'ont peu s'empescher de tomber en ses lacs?
Elle sçauoit si bien des plus pudiques femmes
Par son art detestable, ensorceler les ames,
Que si elle n'a peu les gagner tout à faict:
Du moins la volonté a tenu lieu d'effect.
Elle en entretenoit de tout prix & tous aages,
Mesmes leur apprenoit cent diuers culetages:

Les vnes alloient lamble & les autres le pas,
Et quelque autre faignant de ne l'entendre pas,
Et d'estre à ce mestier encor toute nouuelle
Se plaignoit tout ainsi que fait vne pucelle:
Mais tousiours à l'entree on recognoissoit bien
Qu'il y auoit long temps qu'elle ne valloit rien.
Tout ainsi qu'vn marchant parmy sa marchandise
A tousiours quelque piece & quelque estoffe exquise,
Qu'il monstre rarement, & ne vent qu'à celuy
Lequel est coustumier d'aller souuent chez luy.
Ainsi ceste marchande, afin que sa pratique
Se maintint plus long temps, auoit dans sa boutique
Tousiours quelque friant & delicat morceau
Pour ceux-là qui estoient les chalans du bordeau:
C'estoit quelque bourgeoise agreable & gentille,
De nouueau desbauchee, ou c'estoit quelque fille
Au dessous de quinze ans, ieune & tendre beauté,
De qui le pucelage estoit cher acheppté:
Miserable vilaine, au lieu d'estre bannie,
Tu deurois par le col en Greue estre punie:
Puis comme tu fus Louue, estre iettee aux Loups,
Encores ce supplice eust-il esté trop doux.

REPROCHE.

SONNET.

Vous me iurez assez que vous estes l'vnique
Des filles de Paris pour aymer constamment :
Mais quand vous en feriez vn solemnel serment,
Si seray-ie en cela tousiours plus heretique.

Car plus ie vous frequente, & plus ie vous pratique,
Plus vostre humeur me fait en iuger autrement :
Et s'il m'estoit permis d'en vser librement,
Ie vous tiendrois plustost pour estre vn peu lubrique.

Or aymer cestuy-cy, ore aymer cestuy-là,
Et quand quelque bouffon vous parle de cela,
Vous faire tout soudain venir l'eau en la bouche :

Sortir de la maison cinq ou six fois le iour,
Monstrer vostre beau sein, permettre qu'on le touche:
Appellez-vous cela estre chaste en amour?

SONNET.

MEs Dames qui auez inuenté cest vsage
De vous iouër vous mesmes à des V. de velours,
Si vous voulez d'autruy rechercher le secours,
Certes vous y auriez du plaisir dauantage.

Pour appaiser d'vn C. la fureur & la rage,
Il luy faut vn gros V. & lequel soit tousiours
Bien roide, bien fourny de la sauce d'amour
Que l'on nomme du ...tre en naturel langage.

F...tez vous tout vn iour, vous deux si il vous plaist,
De vos Gaudemichis en fin tout cela n'est,
Que pardonner l'amour par vne mocquerie.

Mais prendre à belle main vn bon gros V. nerueux,
Et en remplir d'vn C. le gosier chaloureux:
C'est le vray ieu d'amour & la vraye ...terie.

Pour vne ieune Dame.

IE suis en extresme soucy,
Et m'en vois resuant ça & là:
Si celuy qui a faict cecy
Ne vous auroit point faict cela.

RESPONCE DE LA DAME.

NE ſoyez point en ſoucy
De celuy qui a fait cela,
Il n'a rien fait iuſque icy,
Mais ie ne ſçay ce qu'il fera.

EPIGRAMME.

HA! ie vous entends bien, vous faites la ruſee,
Mais ce n'eſt pas à moy qu'il ſe faut addreſſer:
Ie ſçay comment il faut vn cotillon hauſſer,
Et ſçay qu'vn V. bien gros, vous peut rendre appaiſee.

FIN.

www.ingramcontent.com/pod-product-compliance
Lightning Source LLC
Chambersburg PA
CBHW071945110426
42744CB00030B/363